2015
Report on Traffic
Development of Central City

2015
中心城市交通发展报告

中国交通报社　编著

人民交通出版社股份有限公司
China Communications Press Co.,Ltd.

图书在版编目（CIP）数据

2015中心城市交通发展报告 / 中国交通报社编著
. — 北京：人民交通出版社股份有限公司，2016.9
ISBN 978-7-114-13337-4

Ⅰ. ①2… Ⅱ. ①中… Ⅲ. ①城市交通－研究报告－中国－2015 Ⅳ. ①F572

中国版本图书馆CIP数据核字（2016）第224829号

书　　名：2015中心城市交通发展报告
著 作 者：中国交通报社
责任编辑：赵瑞琴
出版发行：人民交通出版社股份有限公司
地　　址：（100011）北京市朝阳区安定门外外馆斜街3号
网　　址：http://www.ccpress.com.cn
销售电话：（010）59757973
总 经 销：人民交通出版社股份有限公司发行部
经　　销：各地新华书店
印　　刷：中国电影出版社印刷厂
开　　本：720×980　1/16
印　　张：10
字　　数：166千
版　　次：2016年9月　第1版
印　　次：2016年9月　第1次印刷
书　　号：ISBN 978-7-114-13337-4
定　　价：68.00元

序

PREFACES

“城市，是现代文明的标志。”一座城市的美好，也一定离不开其中安全、高效、可持续的城市交通系统。国际大城市的发展经验无数次证明，尊重城市与交通之间的互动关系，是城市良性发展的必由之路。

2015 年 12 月，中央城市工作会议时隔 37 年后召开，“城市工作”再次上升到中央层面进行专门研究部署。会议强调，我国城市工作要全面贯彻党的十八大和十八届三中、四中、五中全会精神，贯彻创新、协调、绿色、开放、共享的发展理念，会议指出城市工作思路的首要是“尊重城市发展规律”。

城市发展有哪些规律？2015 年，我国的城镇化率达到 56.1%，比上年末增加了 2200 万人。根据《国家新型城镇化规划（2014 – 2020 年）》，到 2020 年，我国的城镇化率将达到 60% 左右。如何吸引、消化、适应这些新增人口，是城市交通领域的时代命题。

同时，随着新型城镇化的不断推进，城市交通与经济发展不匹配的矛盾开始显现，道路拥堵、环境污染等困扰城市发展的交通问题愈发突出。开出交通良方，有效化解各种“城市病”，是当代交通人的使命和担当。

当前，我国经济发展进入新常态，全面建成小康社会进入决胜阶段，全面深化改革进入攻坚期。城市交通作为综合交通运输体系的重要组成部分，发展机遇难得，发展任务繁重。这样的历史情境下，记录、评析和分享城市交通的发展历程显得尤为重要。

对中心城市交通发展状况进行全景描画和系统分析，是城市交通研究不可或缺的重要板块，这本《2015 中心城市交通发展报告》的出版可谓恰逢其时，可以期待，本书将成为政府管理人员、行业从业人员和社会大众之间良性沟通的桥梁。

本书由中国交通报社编著，进一步体现了其作为行业权威主流媒体的责任担当。一方面，《中国交通报》是部党组的喉舌，是唯一一家覆盖铁路、公路、水路、民航、邮政、城市交通等交通运输全领域的行业媒体，是交通运输行业新闻舆论工作的主渠道、主平台；另一方面，中国交通报社是交通故事的讲述者，是交通变革的记录者，更是行业发展的“助推器”。

本书集中关注全国 36 个中心城市 2015 年度城市交通的发展状况，对比异同优劣，剖析年度热点，反映了城市交通在发展中的基本规律和关键特征，对近期城市交通方面的工作和重大决策进行梳理和解读，以期为读者提供更多的分析方法和决策参考。

本书也是一份“横到边纵到底”的研究报告。全书采用了“总—分”的形式，首先对 2015 年度中心城市交通的发展全貌进行了数据刻画，对城市交通各个领域基础设施建设、运营情况作了概述和对比分析；再通过新闻媒体独特的视角，总结归纳了 2015 年度城市交通领域的主要关注议题，以各中心城市为主体，深入挖掘热点并提出相关建议；最后的“‘交’点访谈”鲜明体现了报社的特色，也是更吸引人的章节，通过访谈的形式对行业的一些尖锐的前沿问题进行了解答，为以后的城市交通工作提供了重要参考。

本书主要面向四类读者。一是城市规划和城市交通的决策者，可以从书中获得一些关于城市交通的启示与思考，在研究、探讨和出台城市交通政策时有一定的参考作用；二是包括规划、建设、运营、管理等多个部门的行业从业者，能从中获得解决现状或未来城市交通问题的方法和路径；三是高等院校和科研机构的专家学者和广大师生等；四是关心城市交通领域热点问题的社会公众等。

据我了解，本书是中国交通报社首次编纂蓝皮书类报告，编辑成稿过程中，担当重任的有不少是青年学者和编辑记者，因此难免会存在这样那样的不足，希望大家以包容的心态对待之，并在阅览之余，多给他们提出建设性的意见建议，以期今后做得更好。同时，我也希望通过本书的出版，能够引起广大专家、学者和读者对我国城市交通发展问题的关注和思考，为打造更多的“公交都市”、推动“城市让生活更美好”做出有益的贡献。

刘小明

2016 年 9 月

目 录

CONTENTS

第 1 章　中心城市交通发展概况

1.1　中心城市与城市交通

城市是经济社会发展和人民生产生活的重要载体，是现代文明的标志。新中国成立特别是改革开放以来，我国经历了世界历史上规模最大、速度最快的城镇化进程，城市发展波澜壮阔，取得了举世瞩目的成就，在促进经济社会发展、增进民生福祉等方面发挥了重要作用。

城市中，交通系统是维持城市运转、保障民生的重要行业，具有提升城市效率、引导城市形态的重要功能，与人民群众生产生活息息相关。当前，我国城市交通面临城镇化、机动化同步快速发展的大趋势，须向社会提供便利化、绿色化等高品质的服务。

1.1.1　中心城市的内涵

在城市化与全球化时代，一个国家的地位往往是由其中心城市的地位所决定，一个国家城市交通的发展也正是由其中心城市的发展状况所决定。中心城市有广义和狭义之分。广义上的中心城市是指在一定区域内和全国社会经济活动中处于重要地位，具有综合功能或多种主导功能，起着枢纽作用的特大城市和大城市。狭义的中心城市则是以国家相关文件规定为准，例如由住房和城乡建设部编制的《全国城镇体系规划》中提出，国家中心城市在全国具备引领、辐射、集散功能的城市，这种功能表现在政治、经济、文化、对外交流等多方面。2010 年 2 月，住房和城乡建设部发布的《全国城镇体系规划纲要（2010—2020 年）》明确提出五大（北京、天津、上海、广州、重庆）国家中心城市。

本书的内容从广义的中心城市出发，选取全国 36 个中心城市，以其城市交通发展概况为依托，分析城市交通运行情况，研究城市交通发展规律，探讨城市交通发展中遇到的热点问题和重点难题，为中心城市和其他城市的相关工作提供借鉴。36 个中心城市具体包括：中国大陆境内 31 个直辖市和省会城市，以及 5 个计划单列市（大连、青岛、宁波、厦门、深圳）。

中心城市具有地理区位优、经济实力强等综合优势，同时又具备引领、辐射和集散功能。城市交通的发展特别需要中心城市的带动引领，也需要中心城市共同推进、协同发展。研究中心城市与其城市交通发展过程，记录发展历程，对促进国内城市交通发展具有重大的理论与现实意义。

1.1.2 城市交通的发展阶段

城市交通是指城市（包括市区和郊区）道路（地面、地下、高架、水道、索道等）系统间的公众出行和货物输送。

随着城市空间不断拓展，城市人口持续增加，交通需求呈几何级数快速增长，道路等基础设施往往无法完全按需同步建设，城市交通中的供需关系具有明显的阶段性特征，是一个不断发展、变化的过程。

近现代全球许多大城市的交通发展大致可分为四个阶段：第一阶段是以步行、非机动化交通工具等为主的阶段；第二阶段是以常规汽电车为主的传统公共交通阶段；第三阶段是以小汽车逐渐进入家庭，私人机动化交通工具为主的现代个体交通阶段；第四阶段是以地铁、轻轨等快速轨道交通为代表的现代公共交通阶段。

相较于发达国家，我国在城市规划与建设、道路管理以及汽车工业等领域起步较晚，城市交通的发展大致可分为三个阶段：

第一阶段是城市交通复苏期（新中国成立初期至改革开放以前）。这一时期，对城市进行了新的建设和改造，开始建立起较为合理的城市道路骨架系统。截至1957年年底，全国城市道路长度和面积分别比1949年增加64%和71%。这期间，自行车作为城市居民的代步工具得到迅速发展，汽车增长则相对缓慢，道路容量大于交通量，城市交通比较畅通，城市交通的发展总体处于一个平稳时期。

第二阶段是城市基础设施建设阶段（改革开放至20世纪90年代末）。进入80年代后，由于城市基础设施建设投资不足，造成严重的供需失调。为改变交通面貌，不少大城市开始建设环路、大型立交、高架道路、轨道交通，在局部、短时间内改善了城市交通。然而，城市交通拥堵问题开始显现，“拥堵—修路—再次拥堵—再修路”的循环在各地同时上演。

第三阶段是矛盾凸显的小汽车交通蓬勃发展阶段（2000年至今）。出于拉动经济发展的目的，大部分城市没有对小汽车采取严格的限制措施，基本政策导向是“鼓励拥有”。城镇化和机动化在短时间内的集中发生及两者的相互强化作用，导致城市交通拥堵、大气污染、噪声污染、空间侵占，给市民的工作生活带来严重影响。

近年来，国内各大城市开始重新认识城市交通发展政策。北京、上海、广州、深圳等大城市纷纷确立优先发展城市公共交通的战略，“以轨道交通为骨干，常规公交为主，其他公共交通方式为补充”的公共交通发展目标日渐明晰。这一阶段，很多管理者和学者也提出应综合运用结构合理的基础设施建设、优先发展公共交通系统、结合土地利用的交通引导型城市发展模式，以及多样的交通需求管理等措施。

1.1.3　2015 年度城市交通概览

2015 年是我国“十二五”收官之年，各城市交通基础设施规模进一步扩大，交通固定投资继续保持稳定增长态势，综合交通网络更趋完善。同时，新型城镇化、京津冀协同发展、“互联网 +”行动计划等多重战略机遇叠加，城市公交、轨道交通等多领域齐头并进，各级管理部门和从业人员多方面积极探索实践，使城市交通在 2015 年得到了较快发展。

1.1.3.1　公交都市创建引领城市发展

2015 年，37 个公交都市创建城市创新探索和积累了公交优先的长效机制和政策措施，并示范引领了更多地区加快发展公共交通。

截至 2015 年年底，37 个创建城市共有公共汽电车运营车辆 35 万标台，占全国总量的 55%；公交专用道长度达到 3540 公里，占全国总量的 51%；快速公交运营里程达到 1500 公里，占全国总量的 54%。

在西安，160 余条公交线路先后开通、调整，新增、更新公交车 4400 多辆，开通微型公交线路 40 多条，极大地改善了市民出行条件；在宁波，公交开路、轨道铺路、自行车上路、出租车拓路，“四车一体”的公共交通构筑大公交格局，打造了城市绿色风景线。走过 2015 年，城市公共交通日趋多元，服务效率与品质逐步提升。

1.1.3.2　轨道交通建设经历飞跃期

2015 年，随着青岛和南昌相继开通运营轨道交通，全国拥有轨道交通的城市个数上升至 24 个，运营线路总长度达 3010.6 公里。我国城市轨道交通基础设施进入飞速建设的历史时期。

按照相关规划，今后五年内新开通运营的城市快速轨道交通线路会超过 70 条，“十三五”期间城市轨道交通将有更快、更全面的发展。

1.1.3.3　一卡互联，助力协同发展

2012 年 12 月，国务院发布《关于城市优先发展公共交通的指导意见》，提出要逐步实现跨市域公共交通“一卡通”的互联互通。经历阶段性的体制机制创新与业务探索实践，2015 年 5 月 21 日，交通运输部正式发布《城市公共交通 IC 卡技术规范》，初步建成了国家级清分结算平台。

截至 2015 年年底，全国共有 33 个以上城市实现城市交通一卡通互联互通。京津冀地区正着力推行京津冀一卡通，首批覆盖北京、天津、石家庄、保定、廊坊和张家口六座城市，为京津冀协同发展提供先行支撑。

1.1.3.4　“互联网 +”释放移动出行潜能

移动互联网成为2015年的另一位主角，以滴滴出行、实时公交等为代表的“互联网 +”城市交通新业态不断涌现，城市交通运转效率倍增，也促使管理部门更快更积极地提升行业治理现代化水平。

数据显示，2015 年，滴滴出行全年全平台（含出租车、专车等）的订单总量达到 14.3 亿，这一数字相当于美国 2015 年全国出租车订单量的近两倍，以移动互联网技术为基础的移动出行已成为城市交通领域的重要力量。

1.1.3.5　城市成为综合运输服务载体

随着新型城镇化与大部门制改革不断推进，构建综合运输体系也迎来了绝佳的机遇。城市交通在基础设施供给稳定增加、运输组织不断优化创新的基础上，打响了提升综合运输服务水平的攻坚战。

2015 年 8 月 3 日，交通运输部确定首批共 16 个综合运输服务示范城市（城市群），并将对示范城市内符合条件的相关项目给予资金支持，同时积极争取地方政府对示范城市给予土地、财税、融资、市政配套等方面的支持。

1.2　城市交通发展环境

1.2.1　中心城市经济社会发展概况

36 个中心城市无一例外，均是在一组相互接近、联系密切、不同规模的城镇群体中规模最大或位置适中的城市，在经济、社会、文化等方面发挥主导作用。中心城市是经济区域内生产和交换集中的地方，对周围地区产生较强的经济辐射，承担组织和协调区域经济活动作用。

截至 2015 年年底，36 个中心城市建成区面积约 20000 平方公里，仅占全国的 2‰；有超过 3 亿的人口聚集在该区域，占到全国的 23%；产生 GDP28 万亿元，占全国 GDP 总量的 41%。中心城市在全国发展的引领作用凸显（见图 1–1）。

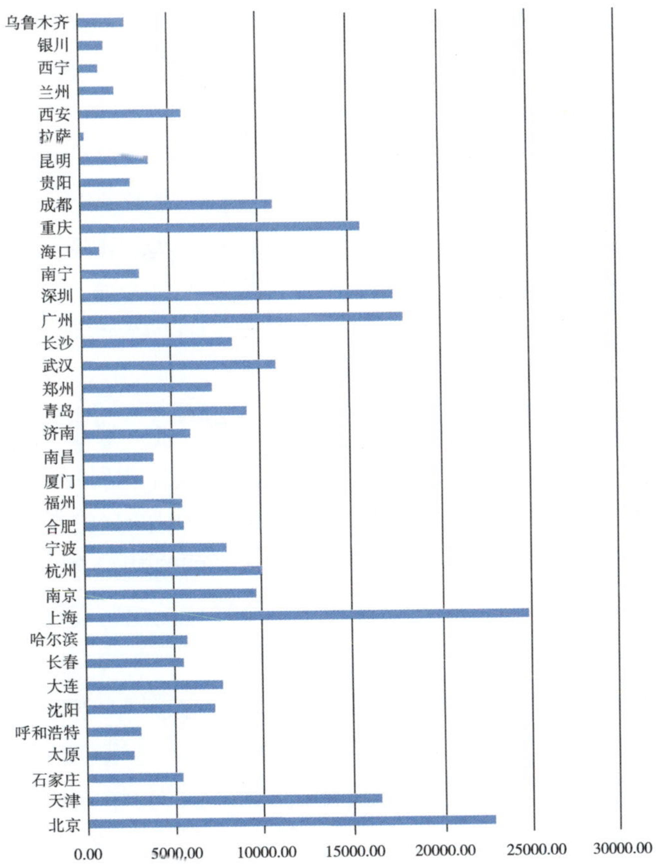

图 1–1　2015 年各中心城市 GDP（单位：亿元）

为此，中心城市必须适当超前发展，同时需要区域经济的发展和一定的城镇体系作保证，形成以中心城市为核心、各城镇有专业分工、各具特色的城镇体系。

在城市交通方面，中心城市是交通基础设施网络最集中、客货流最集中、交通科研院校最集中、大型运输企业最集中之地。与其他中小城市和其他地区相比，中心城市条件更好、优势更大，在历史进程中率先实现交通现代化。

另一方面，大量的人口聚集与高密度的社会活动，也给中心城市的城市交通发展带来了更高难度的挑战。交通拥堵、大气污染等“城市病”在中心城市尤为严重，迫切需要得到妥善解决。

1.2.2 中心城市交通政策环境

2015 年是中国由“十二五”向“十三五”迈进的关键之年。在这一年，各项改革逐步深化，中国政府打出“组合拳”，“互联网 +”高潮迭起，“大众创业、万众创新”如火如荼，自贸区花开四朵，“中国制造 2025”成为制造业新纲领，供给侧结构性改革成为年底热词……

2015 年作为全面深化改革的一年，城市交通发展取得了重要进展，城市交通与政策形成明显的共振效应。尤其在“四个全面”战略布局指导下，经济新常态、一带一路、亚投行等新概念、新举措陆续提出，为城市交通发展理论与实践研究提出了新问题和新挑战。

1.2.2.1 国家政策

全面建设小康社会。服务全面建成小康社会总目标，要求城市交通服务实现量和质同步提升。根据初步测算，2015 年全国城市公交年出行量超过 1000 亿人次，比 2014 年增加近 10%。这意味着在全交通运输行业中的运输总量中，城市交通的运输量比重将继续提升。定制公交、通勤巴士、网络约租车（网约车）等新生事物也在快速发展，反映了多层次、高质量、个性化的出行需求快速增长，对城市公共交通发展提出了更新更高要求。

新型城镇化建设。根据《国家新型城镇化规划（2014—2020）》，每年城镇化率将提高 1 个百分点以上，每年约 1400 万人将转入城市生活。充分发挥城市交通的引导与支撑能力，每年吸引并消化这 1400 万的新增人口，考验着城市交通行业管理者的智慧。

供给侧改革。2015 年 12 月 18 日至 21 日，中央经济工作会议在北京举行。

最引人注目的是，此次会议强调推进供给侧结构性改革。这是适应和引领经济发展新常态的重大创新，是适应国际金融危机发生后综合国力竞争新形势的主动选择，是适应我国经济发展新常态的必然要求。

"互联网 +"。2015 年 3 月 5 日，国务院总理李克强在十二届全国人大三次会议上做政府工作报告，首次提出要制定"互联网 +"行动计划。2015 年起，"互联网 +"在中国的发展一日千里，"互联网 +"逐步深入居民生活，电子商务、网约车平台、第三方支付平台等诸多行业都是"互联网 +"的杰作。

大众创业、万众创新。为推动"双创"深入开展，近一年来国务院陆续出台了 20 多项政策，地方政府出台了 2000 多项相关配套政策。现在，我国每天有 1 万多家企业注册，平均每分钟诞生 7 家公司。

中国制造 2025。2015 年 5 月，《中国制造 2025》正式对外公布。"中国制造 2025"是在新的国际国内环境下，中国政府立足于国际产业变革大势，做出的全面提升中国制造业发展质量和水平的重大战略部署。其根本目标在于改变中国制造业"大而不强"的局面，通过 10 年的努力，使中国迈入制造强国行列，为到 2045 年将中国建成具有全球引领和影响力的制造强国奠定坚实基础。

1.2.2.2　2015 年城市交通政策

持续推进公交优先，公交都市创建活动成有力抓手。从 2011 年交通运输部首次提出"公交都市"概念开始，公交都市创建成为推进、实践公交优先战略最有效的抓手与载体。2015 年 12 月 20 日，交通运输部在宁夏银川召开公交都市创建中期推进会，交通运输部相关司局、各地交通运输主管部门、第一批公交都市创建城市、相关科研机构的代表等汇聚一堂，总结交流创建成绩和工作经验，研究部署"十三五"期公交都市创建工作。

城市综合交通体系规划发挥更大作用。为加快推进综合交通运输体系建设，提升综合运输服务水平，根据《交通运输部关于开展综合运输服务示范城市建设的通知》（交运发〔2014〕254 号），交通运输部决定在"十三五"期间组织开展综合运输服务示范城市建设。经有关城市人民政府申请、省级交通运输主管部门推荐及专家评审，交通运输部研究确定京津冀、沈阳、营口、上海、南京、镇江、杭州、宁波、济南、临沂、湘潭、武汉、广州、深圳、桂林、泸州共 16 个城市（城市群）作为第一批综合运输服务示范城市。

《关于深化改革进一步推进出租汽车行业健康发展的指导意见（征求意见

稿）》和《网络预约出租汽车经营服务管理暂行办法（征求意见稿）》公开征求意见。坚持以人为本，也就是以乘客为本，这是这次改革的出发点，也是落脚点。改革的导向有两个方面：一是要提升传统出租汽车服务水平，二是鼓励网约车新业态的创新和规范发展。这也是为了更好地满足人民群众的需求。

《关于加快推进新能源汽车在交通运输行业推广应用的实施意见》发布。新能源汽车作为战略性新兴产业，代表汽车产业的发展方向。发展新能源汽车，对我国改善能源消费结构、减少空气污染、推动汽车产业和交通运输行业转型升级具有积极意义。2015 年 11 月 10 日，交通运输部、财政部、工业和信息化部印发《新能源公交车推广应用考核办法（试行）》。

《关于促进交通一卡通健康发展加快实现互联互通的指导意见》发布。为深入贯彻落实国务院关于城市优先发展公共交通的指导意见，全面推广普及交通一卡通，逐步实现跨区（市）域、跨交通方式互联互通，使交通一卡通能更好地服务于综合交通、智慧交通、绿色交通、平安交通建设，为广大人民群众提供更安全、更便捷、更高效的交通运输服务。

1.3　中心城市交通发展概况

本节结合36个中心城市的交通数据，分别从城市路网、机动车保有量、公共汽电车、出租汽车、轨道交通及综合客运枢纽等方面，从基础设施建设情况、运行情况、区域特征等角度，对中心城市的城市交通发展情况进行分析与讨论。

1.3.1　中心城市基础设施建设情况

基础设施是城市交通发展的基石。对各个中心城市不同基础设施建设情况的分析，有助于摸清各中心城市的发展状况与阶段，发现城市交通的内在发展规律，为大部分大中型城市提供短板补缺等建议，具有一定的参考价值。

1.3.1.1　城市道路与路网结构

城市人均道路面积是指城市中每一居民平均占有的道路面积，是反映城市道路是否合理的重要指标。表1–1显示了我国中心城市城市道路面积的总体情况与人均分布情况。

中心城市城市道路面积与人均分布情况　　表1–1

城市	城市道路面积（万平方米）	2015年城市人口（万人）	人均道路面积（平方米）	城市	城市道路面积（万平方米）	2015年城市人口（万人）	人均道路面积（平方米）
北京	13834.05	2170.50	6.37	青岛	7908.17	909.70	8.69
天津	13144.04	1546.95	8.50	郑州	4173.65	956.90	4.36
石家庄	5232.53	1070.16	4.89	武汉	8879.63	1060.77	8.37
太原	3941.00	431.87	9.13	长沙	4038.00	743.18	5.43
呼和浩特	2245.35	305.96	7.34	广州	10414.21	1350.11	7.71
沈阳	8413.32	829.10	10.15	深圳	11633.06	1137.89	10.22
大连	4409.90	698.60	6.31	南宁	3860.77	698.61	5.53
长春	7113.21	779.30	9.13	海口	2568.21	222.30	11.55
哈尔滨	5934.47	974.30	6.09	重庆	14527.70	3016.55	4.82
上海	9964.00	2415.27	4.13	成都	7403.65	1465.80	5.05
南京	13494.72	823.59	16.39	贵阳	2611.07	462.18	5.65
杭州	5699.33	901.80	6.32	昆明	7237.65	667.70	10.84
宁波	2950.83	782.50	3.77	拉萨	708.14	63.61	11.13
合肥	5849.88	779.00	7.51	西安	7199.75	870.56	8.27
福州	2610.82	750.00	3.48	兰州	3247.13	369.31	8.79
厦门	3602.00	386.00	9.33	西宁	912.92	231.08	3.95
南昌	2768.70	530.29	5.22	银川	1885.13	216.41	8.71
济南	7979.55	713.20	11.19	乌鲁木齐	3101.26	355.00	8.74

注：由于2015年度城市道路面积数据尚未发布，此表采用2014年度统计数据计算得出。

如图 1–2 所示，我国各中心城市人均道路面积大部分低于 10 平方米，远低于西方发达城市；南京市城市人均道路面积超过 16 平方米，位于第一位，远远超过我国其他中心城市；重庆、上海等常住人口较多的中心城市，城市人均道路面积排名较为靠后。

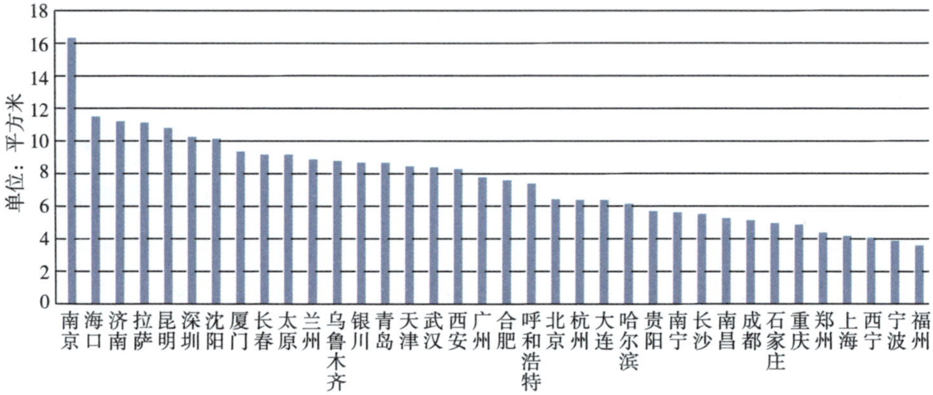

图 1–2　2015 年中心城市人均道路面积排名

注：数据来源于交通运输部综合规划司综合统计处。

1.3.1.2　民用汽车保有量

民用汽车一般包括私人用车、政府用车、企业用车、农用汽车，是相对于军用汽车、警用汽车、特种用车等来说的。民用汽车保有量能较好地反映城市道路的机动化水平。根据各中心城市 2015 年国民经济和社会发展统计公报，2015 年我国部分中心城市民用汽车保有量见表 1–2 和图 1–3。

2015 年中心城市民用汽车保有量　　表 1–2

单位：万辆

城市	2015 年民用汽车保有量	城市	2015 年民用汽车保有量	城市	2015 年民用汽车保有量	城市	2015 年民用汽车保有量
北京	535	上海	282.32	青岛	—	成都	366
天津	283.05	南京	197.93	郑州	239	贵阳	84.16
石家庄	—	杭州	224	武汉	197.78	昆明	172.87
太原	112.29	宁波	179	长沙	168.83	拉萨	—
呼和浩特	—	合肥	116.88	广州	224	西安	219
沈阳	164.5	福州	—	深圳	314.7	兰州	80.46
大连	—	厦门	82.04	南宁	175.61	西宁	—
长春	—	南昌	—	海口	53.4	银川	69.0353
哈尔滨	116.6	济南	154.1	重庆	279	乌鲁木齐	—

图 1-3　2015 年部分中心城市民用汽车保有量排名

注：数据来源于各中心城市 2015 年国民经济和社会发展统计公报。

从图 1-3 可以看出，北京市是我国各中心城市中民用汽车保有量最高的城市，远高于排名第二位的成都市。其余中心城市的民用汽车保有量大都在 300 万辆到 100 万辆左右。可以发现，通常经济越发达、人口越多的中心城市民用汽车保有量越高。

万人民用汽车保有量将人口与民用汽车总量作为影响因素，能够客观反映中心城市的机动化水平。根据各中心城市国民经济和社会发展统计公报，2015 年我国部分中心城市的排名情况如图 1-4 所示。

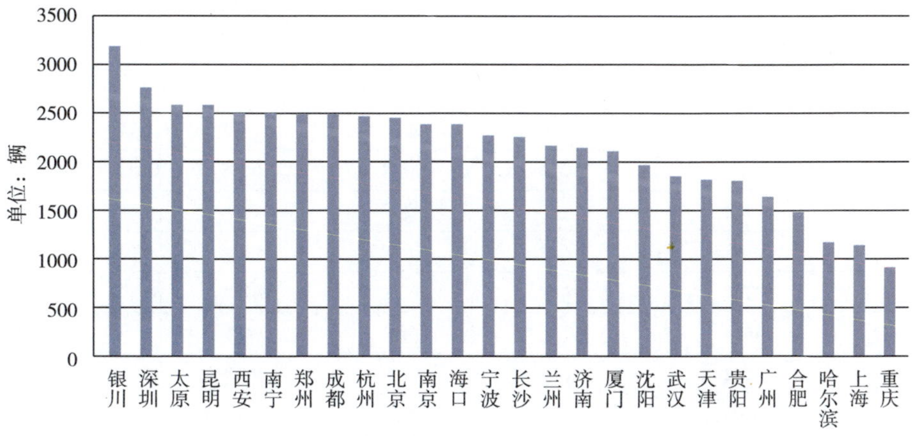

图 1-4　2015 年部分中心城市万人民用汽车保有量排名

注：数据来源于各中心城市 2015 年国民经济和社会发展统计公报。

从图 1-4 可以看出银川是万人民用汽车保有量最高的中心城市，每万人拥有超过 3000 辆车；其次是深圳，万人民用汽车保有量将近 2750 辆；其余中心城市差距不大，万人民用汽车保有量都在 2000 左右；上海、重庆等地万人民用汽车保有量较低，这与该中心城市常住人口数量较大有一定的关系。

1.3.1.3 公共汽电车

公共汽电车是指在城市中按照规定的线路、站点和运营时间，供公众乘坐的客运车辆。同时，城市公共汽电车客运服务的停车场、站务用房、候车亭、站台、站牌及供配电等设施也是城市公共交通的重要组成部分。

截至 2015 年年底，36 个中心城市的公共汽电车总量为 238186 辆（折合 296068 标台）。排在首位的是北京市，共有 23287 辆公共汽电车；其次是上海和深圳，分别为 16531 辆和 15120 辆。具体数据见表 1-3 和图 1-5。

中心城市公共汽电车运营车辆数　　表 1-3

城市	公共汽电车数（辆）	标准运营车数（标台）	城市	公共汽电车数（辆）	标准运营车数（标台）
北京	23287	33699	青岛	6748	8726
天津	11619	12738	郑州	6221	8298
石家庄	4403	5724	武汉	8301	9793
太原	2501	3251	长沙	6103	7877
呼和浩特	1946	2537	广州	13930	16179
沈阳	5598	7275	深圳	15120	17943
大连	5304	6582	南宁	3121	4065
长春	5020	5693	海口	1702	2056
哈尔滨	6923	8755	重庆	11573	12875
上海	16531	20359	成都	10656	13631
南京	8111	9974	贵阳	3060	3672
杭州	8068	10022	昆明	6075	7302
宁波	4727	5820	拉萨	486	627
合肥	4684	6035	西安	7772	9053
福州	4242	5142	兰州	2686	3050
厦门	4691	5868	西宁	1755	2181
南昌	3305	4049	银川	1949	2398
济南	5284	6700	乌鲁木齐	4684	6119

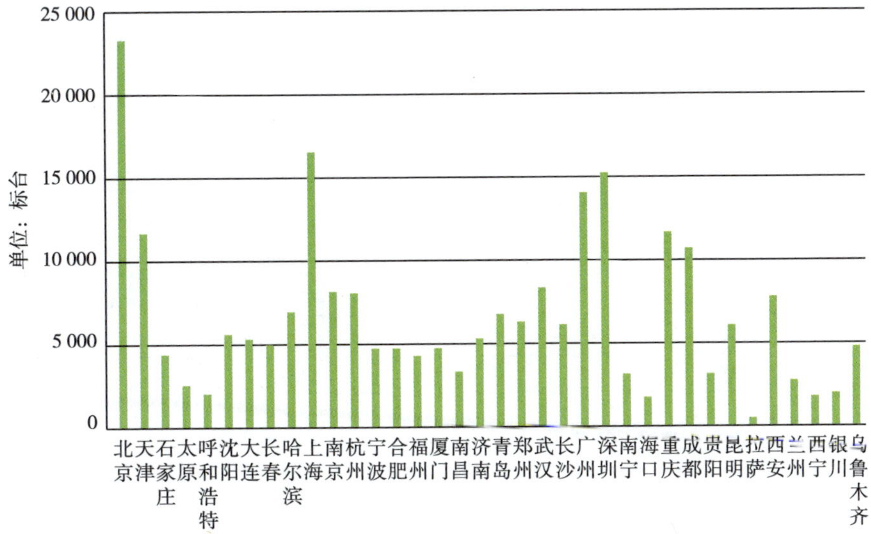

图 1-5　中心城市公共汽电车车辆数

表 1-4 和图 1-6 是 36 个中心城市的公共汽电车的线路长度和线路条数。线路长度排在前三位的分别是上海、深圳和北京，其线路长度分别为 24027 公里、20561 公里和 20186 公里。超过 1000 公里的城市共有 8 个。公共汽电车线路的不断增长，进一步扩大公共交通的覆盖范围，从而提高了公共交通的服务水平。

中心城市公共汽电车运营条数和长度　　表 1-4

城市	运营线路条数（条）	运营线路总长度（公里）	城市	运营线路条数（条）	运营线路总长度（公里）
北京	876	20186	宁波	447	9240
天津	715	15866	合肥	186	2828
石家庄	229	3802	福州	235	4228
太原	193	3174	厦门	357	6416
呼和浩特	105	2002	南昌	231	4413
沈阳	229	4280	济南	253	4417
大连	246	4282	青岛	417	8302
长春	265	4463	郑州	306	4378
哈尔滨	255	5086	武汉	467	8144
上海	1429	24027	长沙	180	3559
南京	580	9285	广州	1158	19397
杭州	716	12033	深圳	903	20561

续上表

城市	运营线路条数（条）	运营线路总长度（公里）	城市	运营线路条数（条）	运营线路总长度（公里）
南宁	169	3200	拉萨	34	667
海口	106	2265	西安	268	6209
重庆	866	13342	兰州	128	1747
成都	545	7962	西宁	84	1203
贵阳	247	3819	银川	109	1979
昆明	539	13007	乌鲁木齐	168	3071

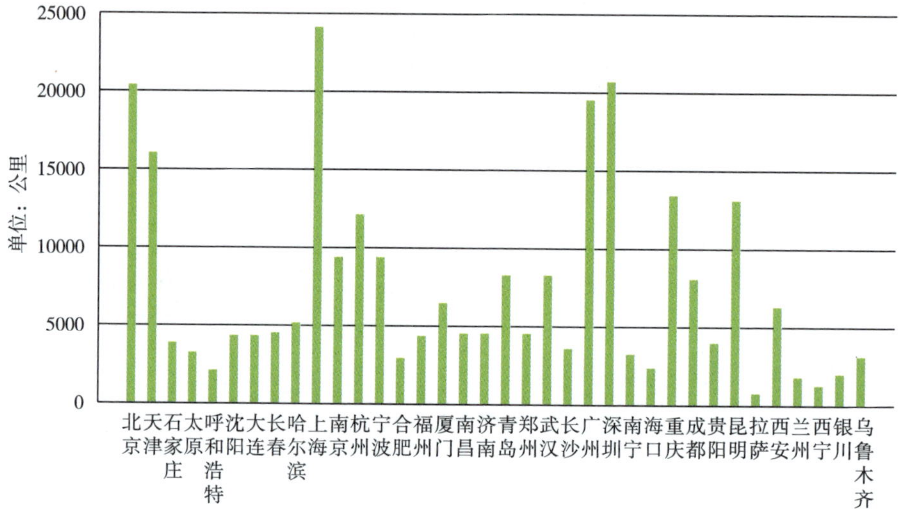

图 1-6　中心城市公共汽电车运营线路长度

2015 年中心城市中公交专用道车道长度前 3 位的城市依次为北京、深圳和广州，长度分别为 740.4 公里、463.4 公里和 457.6 公里。北京、上海、广州等城市的公交专用道的建设效果十分明显，逐渐成网，在早晚的高峰时期对公交车的提速明显，各中心城市 BRT 和公交专用道建设具体数据见表 1-5 和图 1-7。

中心城市 BRT 和公交专用道建设长度　　表 1-5

单位：公里

城市	BRT 运营长度	公交专用道长度	城市	BRT 运营长度	公交专用道长度
北京	81	740.7	太原	—	128.6
天津	—	65.0	呼和浩特	—	70.0
石家庄	—	14.0	沈阳	—	197.0

续上表

城市	BRT 运营长度	公交专用道长度	城市	BRT 运营长度	公交专用道长度
大连	14	259.6	长沙	—	129.6
长春	—	141.2	广州	765	457.6
哈尔滨	—	65.8	深圳	—	463.4
上海	—	312.4	南宁	—	32.0
南京	—	136.5	海口	—	25.0
杭州	128	153.5	重庆	—	14.4
宁波	—	102.0	成都	59	431.8
合肥	109	41.9	贵阳	—	13.4
福州	—	78.5	昆明	—	85.0
厦门	130	53.2	拉萨	—	—
南昌	—	17.3	西安	—	238.8
济南	94	179.1	兰州	9	8.9
青岛	—	134.0	西宁	—	—
郑州	82	82.0	银川	21	74.3
武汉	—	155.0	乌鲁木齐	102	101.7

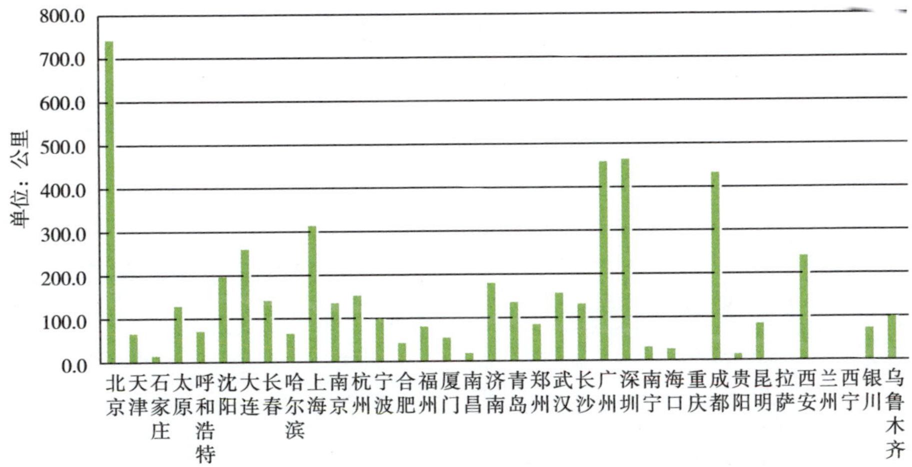

图 1-7　中心城市公交专用道建设

1.3.1.4　轨道交通

在全国已开通轨道交通的中心城市中，轨道交通运营线路总长度前三名的城市分别为上海、北京、广州，其中超过 200 公里的城市还包括南京、重庆等。中心城市轨道交通开通里程总长度排名如图 1-8 所示。表中涉及的轨道交通包括地铁、轻轨、有轨电车、磁悬浮、单轨、市域快轨及 APM（旅客自动输送系统）等。

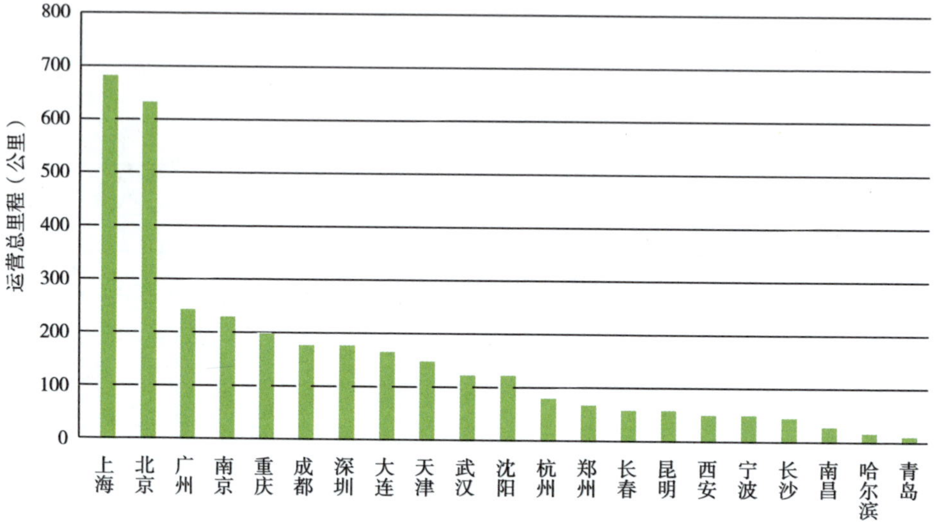

图 1-8　轨道交通运营线路总里程

已开通轨道交通的中心城市中，轨道交通运营车辆数量前三名的城市分别为北京、上海、广州，超过 1000 辆的城市还包括深圳、南京，总排名（包含地铁、轻轨、磁悬浮及市域快轨）见图 1-9 。

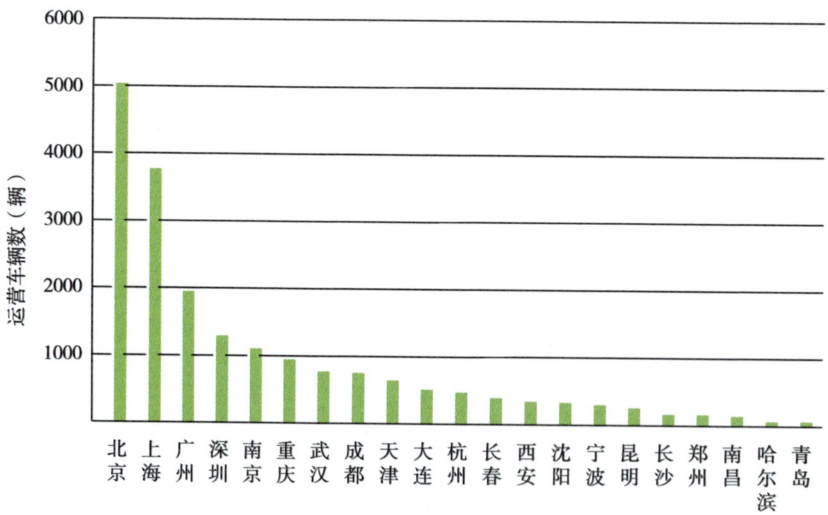

图 1-9　轨道交通运营车辆数

已开通轨道交通的中心城市中，轨道交通车站数前三名的城市分别为上海、北京、广州，总排名（包含地铁、轻轨、有轨电车、磁悬浮、单轨、市域快轨及 APM）见图 1–10。

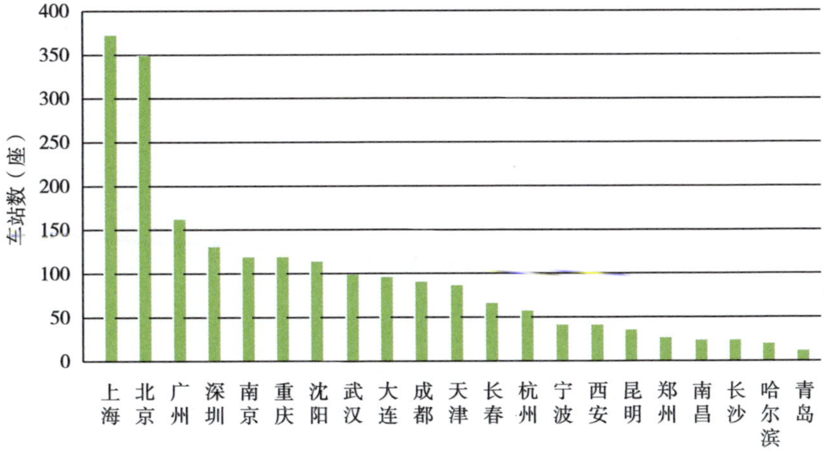

图 1–10　轨道交通车站数

已开通轨道交通城市中，各种制式轨道交通中地铁占比最大，达到 73.4%，各种制式（包括轻轨、单轨、市域快轨、现代有轨电车、磁浮交通、APM 共 6 种）占比如图 1–11 所示。

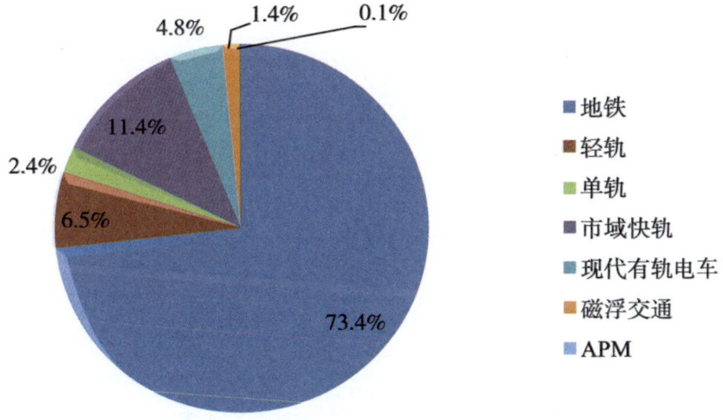

图 1–11　国内城市各制式轨道交通占比

1.3.1.5　出租汽车

截至 2015 年年底，大部分中心城市的运营出租车数量在 2 万以下，少数城市如北京、天津、上海、广州和重庆的运营出租车数量在 2 万辆以上。由表 1–6、

图 1–12 可知，北京的运营出租车数量接近 7 万辆，远高于其他城市；其次分别为上海、天津、广州等城市。

各中心城市出租车运营车辆的数量与新能源汽车应用情况　　表 1–6

单位：辆

城市	运营车数	纯电动出租车数	城市	运营车数	纯电动出租车数
北京	68284	1000	青岛	10033	—
天津	31940	—	郑州	10719	—
石家庄	7645	—	武汉	16747	120
太原	8292	—	长沙	7816	—
呼和浩特	6568	—	广州	22022	100
沈阳	18795	—	深圳	16596	1160
大连	11243	50	南宁	6723	—
长春	18534	—	海口	2748	280
哈尔滨	16572	—	重庆	20631	—
上海	49586	4	成都	15930	—
南京	13791	700	贵阳	7849	—
杭州	11694	560	昆明	8573	50
宁波	4627	—	拉萨	1668	8
合肥	9402	500	西安	13552	300
福州	6452	—	兰州	7704	51
厦门	5667	365	西宁	5666	—
南昌	5453	—	银川	4930	50
济南	8955	—	乌鲁木齐	12338	—

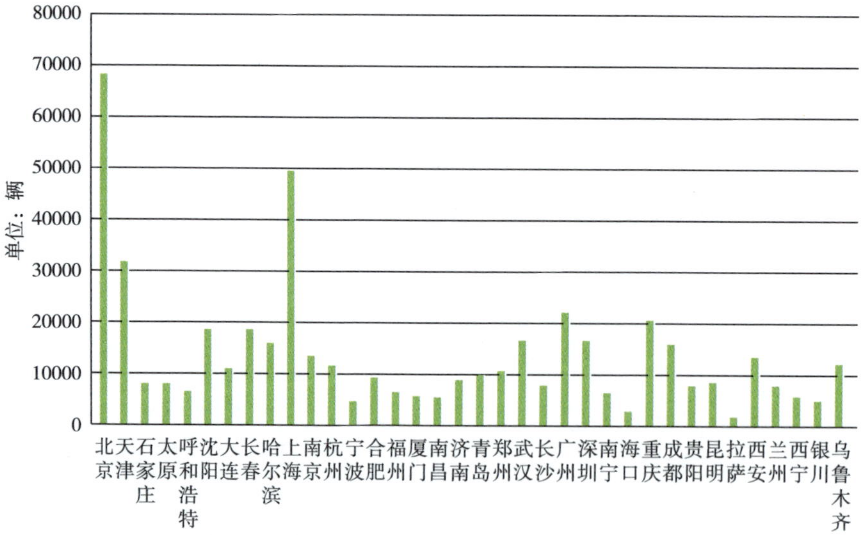

图 1–12　各中心城市出租车运营车辆数

所有中心城市中，北京、南京、杭州、合肥、厦门、深圳、海口和西安的出租车纯电动出租车数量位居前列，均在 200 辆以上。但大部分中心城市的出租车纯电动出租车数量在 200 辆以下，有较多的中心城市还没有纯电动出租车（见图 1–13）。

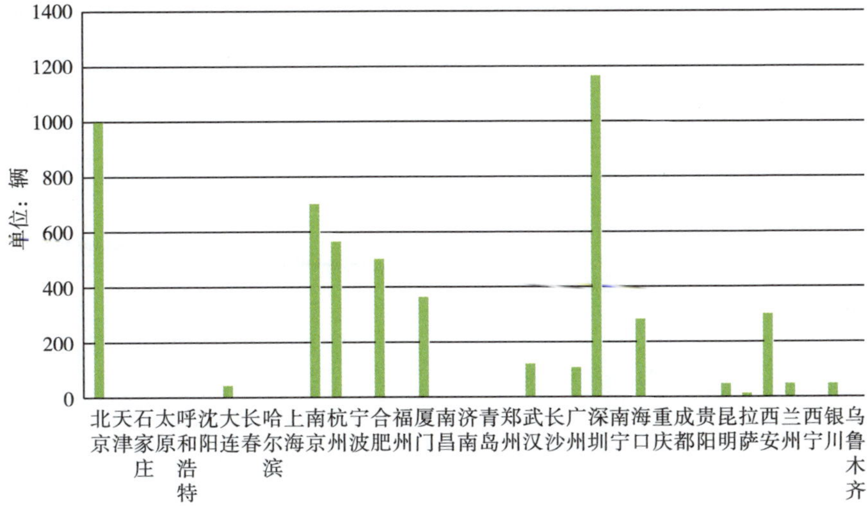

图 1–13　各中心城市纯电动出租车数量

各中心城市的出租车从业人员经营户数差异巨大，少数城市经营户数超过 1000 户，大多都在 100 户以下（见图 1–14）。

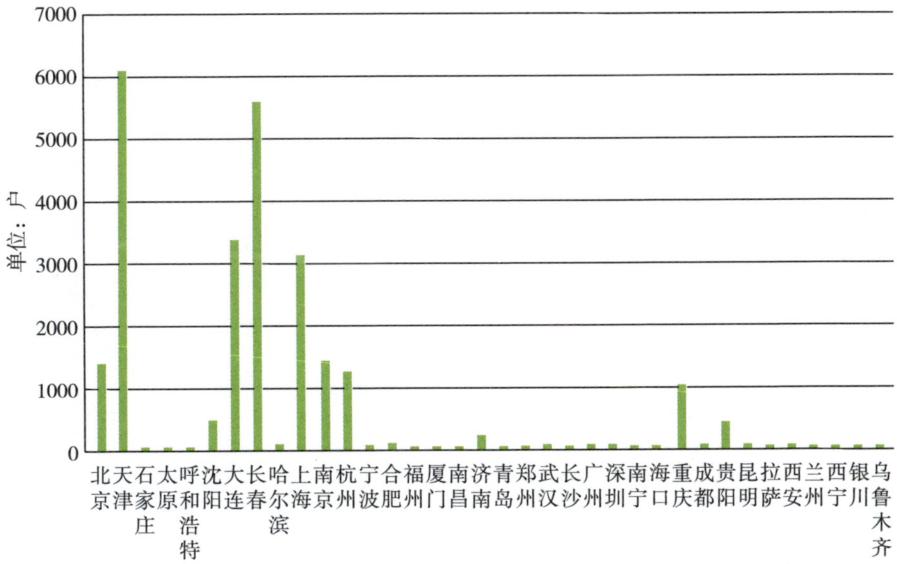

图 1–14　各中心城市出租车从业人员经营业户数

1.3.1.6 综合客运枢纽

2015 年，大部分中心城市的综合枢纽数量在 5 个以下，少数城市（如天津、上海、南京、宁波、广州和成都）在 10 个以上。其中，上海的综合枢纽数量达到 84 个，远高于其他各城市（见图 1–15）。

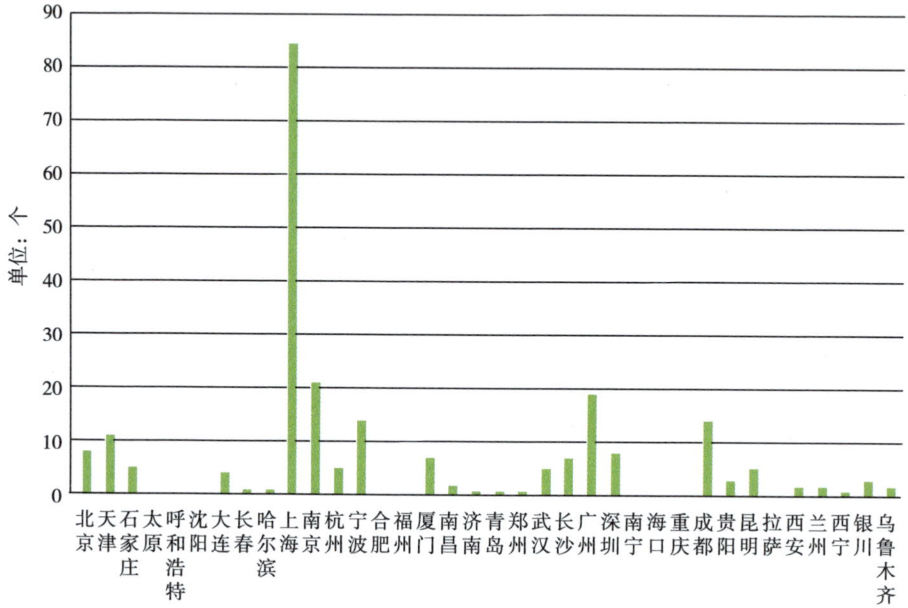

图 1–15　各中心城市综合客运枢纽个数

各中心城市综合客运枢纽的数量具体数据见表 1–7。

各中心城市综合客运枢纽的数量　　表 1–7

单位：个

城市	2014 年综合枢纽数量	2015 年综合枢纽数量	城市	2014 年综合枢纽数量	2015 年综合枢纽数量
北京	9	8	南京	19	21
天津	10	11	杭州	5	5
石家庄	5	5	宁波	14	14
太原	—	—	合肥	—	—
呼和浩特	—	—	福州	—	—
沈阳	—	—	厦门	7	7
大连	4	4	南昌	2	2
长春	1	1	济南	1	1
哈尔滨	1	1	青岛	—	1
上海	84	84	郑州	—	1

续上表

城市	2014 年综合枢纽数量	2015 年综合枢纽数量	城市	2014 年综合枢纽数量	2015 年综合枢纽数量
武汉	5	5	贵阳	2	3
长沙	7	7	昆明	5	5
广州	18	19	拉萨	—	—
深圳	7	8	西安	2	2
南宁	—	—	兰州	1	2
海口	—	—	西宁	1	1
重庆	—	—	银川	3	3
成都	14	14	乌鲁木齐	2	2

1.3.1.7　其他

1. 交通 IC 卡

所有中心城市中，北上广深四座城市的公交 IC 卡累计发卡量位居前列，均在 1000 万张以上。累计发卡量较多的城市还有南京、成都、重庆等。此外，大部分城市的发卡量都呈现出快速上升的趋势。各中心城市 IC 卡累计发卡量见图 1–16。

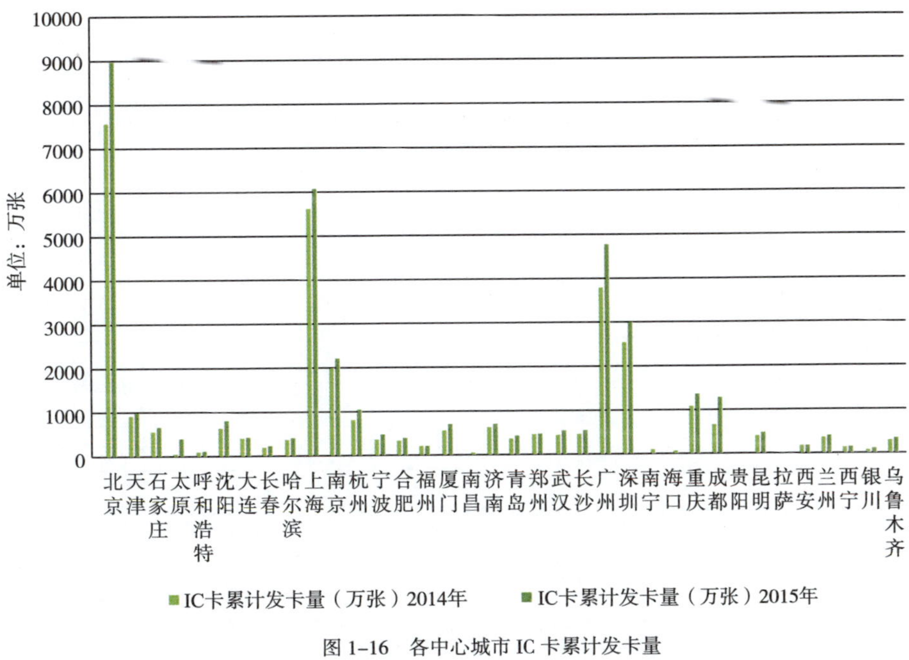

图 1–16　各中心城市 IC 卡累计发卡量

北上广深的 IC 卡刷卡量位居全国前列。2015 年重庆、成都、西安等城市的刷卡量分别在 10 亿人次以上。值得一提的是，刷卡量较小的城市，其增长率反而较大（见图 1-17）。

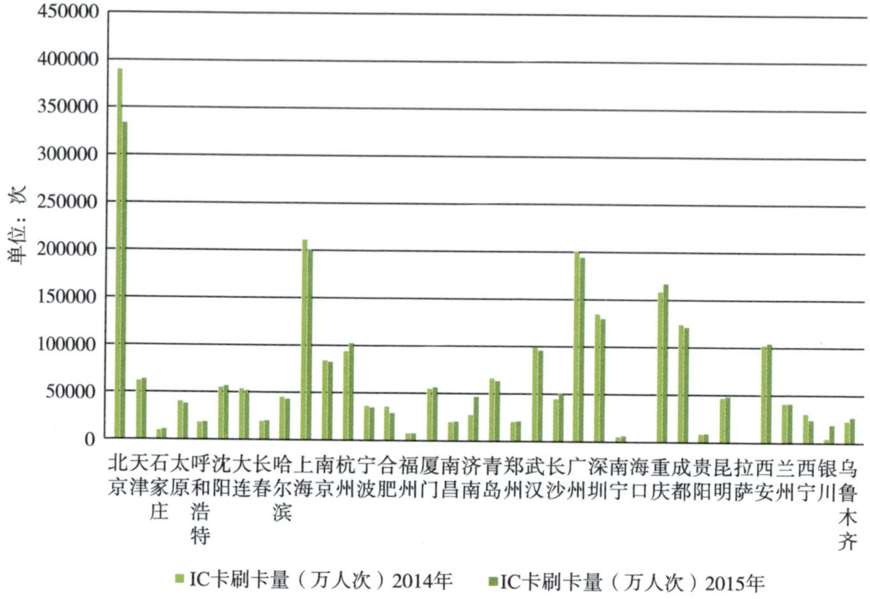

图 1-17　各中心城市 IC 卡刷卡量

各中心城市 IC 卡人均刷卡量由年刷卡量比年常住人口得到（见图 1-18，长春数据暂缺）。可以发现，各中心城市人均刷卡量大多在 40~160 次，少部分城市人均刷卡量在 20 次以下。

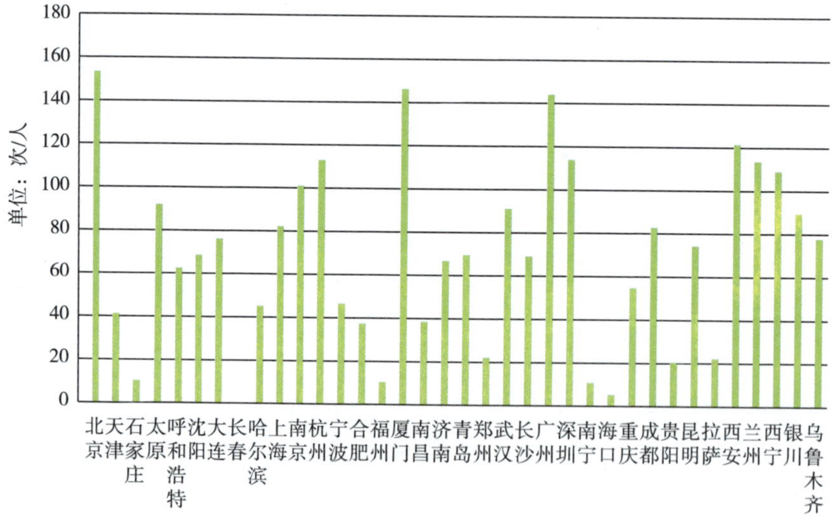

图 1-18　各中心城市 IC 卡人均刷卡量

各中心城市 IC 卡人均持卡量由年累计发卡量比年常住人口得到。可以发现，各中心城市人均持卡量大多在 0.5 张左右，北上广深及南京可以达到人均 2 张以上（见图 1–19）。北上广深超高的人均持卡量，可能是由城市较高的公交使用率、频繁的卡型更替及较大的人口流动性等多个因素造成的。

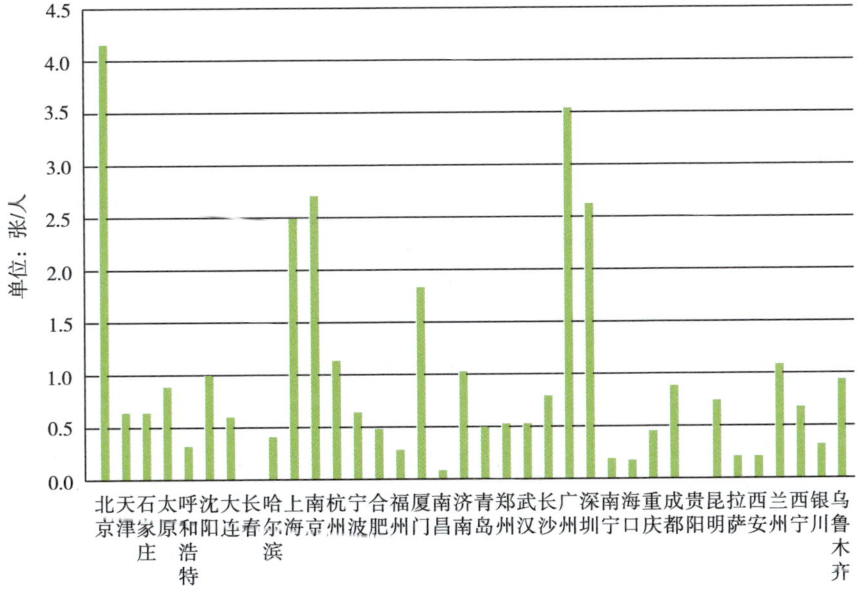

图 1–19　各中心城市 IC 卡人均持卡量

2. 新能源汽车在公共交通领域的推广应用

2015 年，中心城市在公共交通领域的新能源车辆推广取得了重大突破。截至 2015 年年底，纯电动公交车推广情况排在前三位的是深圳、杭州和上海，分别拥有 1836 辆、1608 辆和 1437 辆。纯电动出租车排在前三位的是深圳、北京和南京，分别拥有 1160 辆、1000 辆和 700 辆（见表 1–8 和图 1–20）。新能源车辆在公交领域的加速应用，对于改善城市环境具有重要的意义，既可以降低能源消耗、减少污染物排放，同时又示范引领新能源车辆在城市交通领域的广泛应用。

中心城市 2015 年新能源车辆推广概况　　表 1–8

单位：辆

城市	纯电动公交车	纯电动出租车	城市	纯电动公交车	纯电动出租车
北京	582	1000	石家庄	388	—
天津	591	—	太原	—	—

续上表

城市	纯电动公交车	纯电动出租车	城市	纯电动公交车	纯电动出租车
呼和浩特	—	—	武汉	267	120
沈阳	—	—	长沙	423	—
大连	—	—	广州	117	100
长春	—	—	深圳	1836	1160
哈尔滨	3	—	南宁	—	—
上海	1437	4	海口	190	180
南京	989	700	重庆	116	—
杭州	1608	560	成都	284	—
宁波	132	—	贵阳	4	—
合肥	928	500	昆明	260	50
福州	704	—	拉萨	27	8
厦门	10	365	西安	50	300
南昌	—	—	兰州	25	51
济南	266	—	西宁	21	—
青岛	856	—	银川	—	50
郑州	40	—	乌鲁木齐	—	—

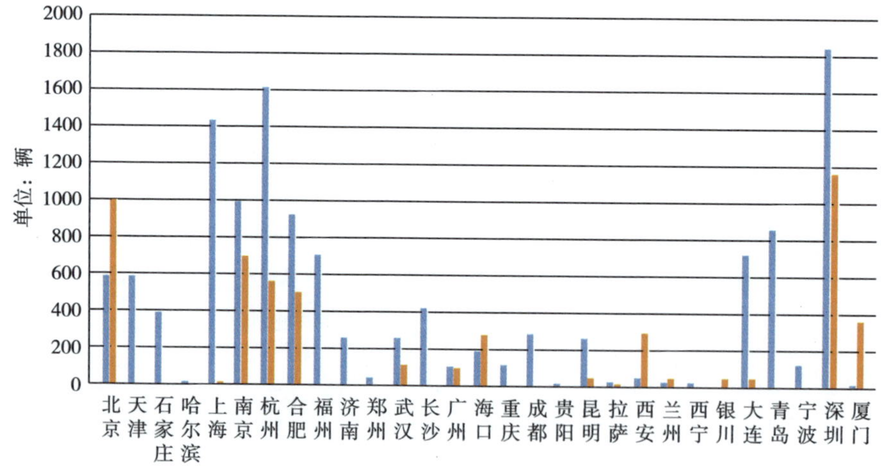

图 1-20　部分中心城市新能源车辆推广概况

1.3.2　中心城市交通运行情况

对于城市交通而言，各种交通方式的有效运营和衔接顺畅是关键。本节对 36 个中心城市不同交通方式的运行情况进行分析概括，得到了相应的分析结果和对策建议。

1.3.2.1　城市道路运行状况

根据高德发布的《2015 年度中国主要城市交通分析报告》，交通拥堵延时指数指的是旅行时间与自由流旅行时间的比值。从表 1-9 可以看出，中心城市高峰时拥堵情况严重，经济越发达的中心城市交通拥堵指数越高、平均速度越低。

2015 年中心城市交通高峰拥堵延时指数　表 1-9

城市	高峰拥堵延时指数	高峰平均速度（公里 / 小时）	城市	高峰拥堵延时指数	高峰平均速度（公里 / 小时）
北京	2.056	22.81	福州	1.732	26.45
济南	2.039	21.23	天津	1.72	26.9
哈尔滨	1.989	22.91	沈阳	1.702	23.83
杭州	1.984	21.19	石家庄	1.698	27.28
大连	1.907	21.61	厦门	1.696	25.92
广州	1.885	23.49	南京	1.672	27.52
上海	1.867	24.69	长春	1.643	24.13
深圳	1.863	25.44	太原	1.619	27.62
青岛	1.851	24.8	宁波	1.572	26.18
重庆	1.845	24.89	呼和浩特	—	—
昆明	1.805	24.71	南昌	—	—
武汉	1.804	23.09	海口	—	—
郑州	1.803	23.85	贵阳	—	—
南宁	1.785	23.29	拉萨	—	—
成都	1.767	25.91	兰州	—	—
长沙	1.765	24.72	西宁	—	—
西安	1.764	26.11	银川	—	—
合肥	1.738	25.34	乌鲁木齐	—	—

注：数据来源于高德发布的《2015 年度中国主要城市交通分析报告》。

中心城市全天道路运行情况相较于高峰时期较为良好，拥堵延时指数基本处于 1.6 左右、平均车速 27 公里 / 小时左右，各个中心城市差别不大（见表 1–10）。

2015 年中心城市全天拥堵延时指数　　表 1–10

城市	全天拥堵延时指数	全天平均车速（公里 / 小时）	城市	全天拥堵延时指数	全天平均车速（公里 / 小时）
杭州	1.717	24.56	沈阳	1.49	27.21
哈尔滨	1.709	26.67	合肥	1.488	29.59
济南	1.689	25.63	天津	1.482	31.24
北京	1.678	27.98	太原	1.463	30.61
广州	1.678	26.3	长春	1.459	27.13
郑州	1.621	26.53	厦门	1.456	30.17
南宁	1.616	25.67	石家庄	1.443	32.06
昆明	1.603	27.8	南京	1.432	32.03
大连	1.593	25.92	宁波	1.365	30.19
深圳	1.591	29.73	呼和浩特	—	—
青岛	1.573	29.18	南昌	—	—
上海	1.568	29.4	海口	—	—
重庆	1.567	29.3	贵阳	—	—
成都	1.546	29.52	拉萨	—	—
西安	1.545	29.83	兰州	—	—
长沙	1.514	28.81	西宁	—	—
武汉	1.51	27.49	银川	—	—
福州	1.506	30.26	乌鲁木齐	—	—

注：数据来源于高德发布的《2015 年度中国主要城市交通分析报告》。

1.3.2.2　公共汽电车

2015 年我国公共汽电车稳步发展，但是在不同城市、不同区域呈现出不同的特点。北京、广州、深圳等城市公共汽电车的客运量下降明显，表现为城市交通模式多元化、协同化，通过轨道交通、出租车和自行车等其他公共交通进一步降低公共汽电车的压力。同时，在二、三线城市中，公共汽电车仍然占据城市公共交通的主体地位，客运量在进一步的增长，城市地面公共交通仍然面临很大的压力（见表 1–11 和图 1–21）。

中心城市公共汽电车 2014 年和 2015 年客运量　　表 1-11

单位：万人次

城市	2014 年客运量	2015 年客运量	城市	2014 年客运量	2015 年客运量
北京	477180	406003	青岛	105592	102402
天津	151011	157001	郑州	98748	95387
石家庄	65233	58686	武汉	148300	143092
太原	50057	49694	长沙	75221	74324
呼和浩特	37740	40290	广州	264914	254954
沈阳	110713	103444	深圳	225739	206892
大连	103785	102596	南宁	51718	47729
长春	74927	73598	海口	29523	29529
哈尔滨	127877	134227	重庆	240681	246920
上海	266530	254852	成都	182084	172607
南京	104216	100427	贵阳	66973	61610
杭州	137761	138197	昆明	84372	87449
宁波	49469	48559	拉萨	7910	8648
合肥	69134	64016	西安	169767	161573
福州	59512	57530	兰州	77204	74366
厦门	92769	91614	西宁	34047	36213
南昌	61773	61973	银川	30271	30653
济南	80321	75126	乌鲁木齐	87016	86351

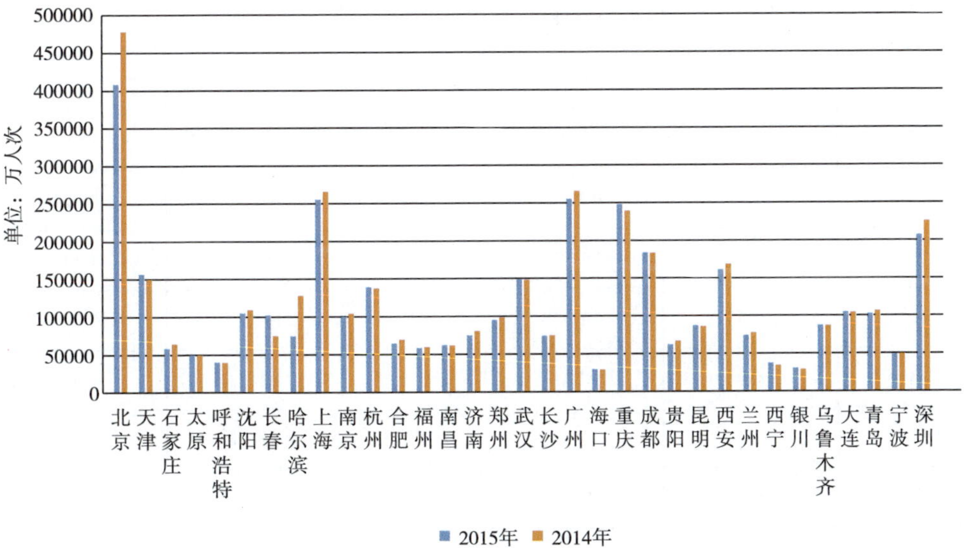

图 1-21　中心城市 2014 年和 2015 年公共汽电车客运量对比

中心城市 2014 年和 2015 年 IC 卡刷卡量对比见表 1–12 和图 1–22。从中进一步可以发现，中心城市公共汽电车在不同区域、不同城市的发展是不一致的。北京表现得最为突出，刷卡量下降明显，这与 2015 年北京的网约车和定制公交等交通方式的迅速发展有着很大的关系。

中心城市公共汽电车 2014 年和 2015 年刷卡量 表 1–12

单位：万人次

城市	2014 年刷卡量	2015 年刷卡量	城市	2014 年刷卡量	2015 年刷卡量
北京	388062	331573	青岛	67039	63399
天津	62891	64506	郑州	22077	21786
石家庄	10792	11661	武汉	100280	97053
太原	39793	39705	长沙	46272	51812
呼和浩特	18139	19138	广州	201200	194239
沈阳	55188	57207	深圳	135887	130084
大连	54663	53387	南宁	6041	8073
长春	20750	21136	海口	596	1306
哈尔滨	45853	44328	重庆	158708	167046
上海	210996	199930	成都	124337	121899
南京	83967	83477	贵阳	10242	9597
杭州	93777	102265	昆明	47682	49674
宁波	37455	36797	拉萨	1441	1465
合肥	36658	29574	西安	103007	105673
福州	9064	8170	兰州	42122	42000
厦门	56194	56655	西宁	32151	25195
南昌	21770	20695	银川	6625	19378
济南	29062	47752	乌鲁木齐	23654	27709

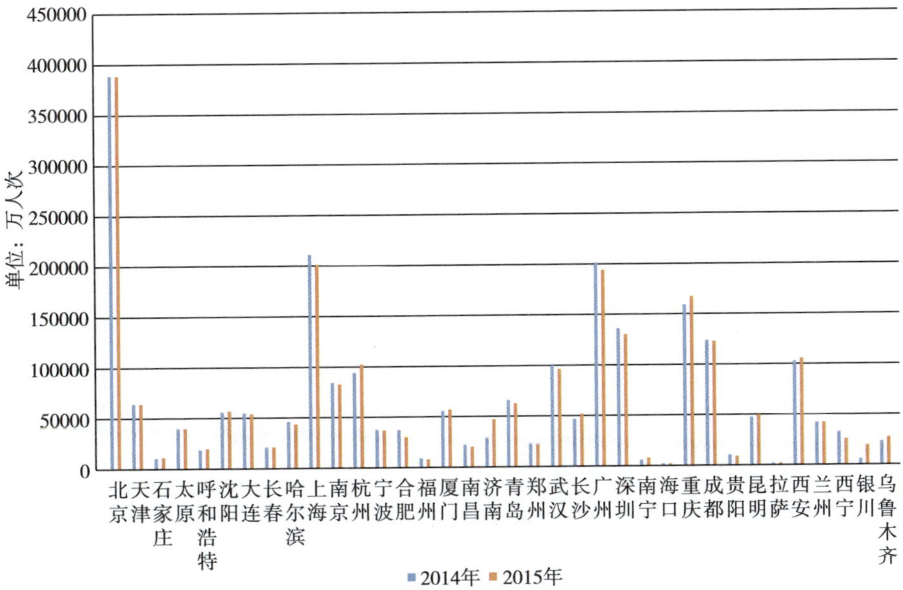

图 1–22　中心城市公共汽电车 2014 年和 2015 年 IC 卡刷卡量

1.3.2.3　轨道交通

已开通轨道交通城市中，轨道交通 2015 年客运量排名（包含地铁、轻轨、磁悬浮及市域快轨）如图 1–23 所示。各中心城市中，北京和上海的城市轨道交通年客运量超过 30 亿人次，超过 10 亿人次的还有广州、深圳，部分城市轨道交通客运量在 5 亿人次左右，剩余部分城市的轨道交通客运量未超过 1 亿人次。

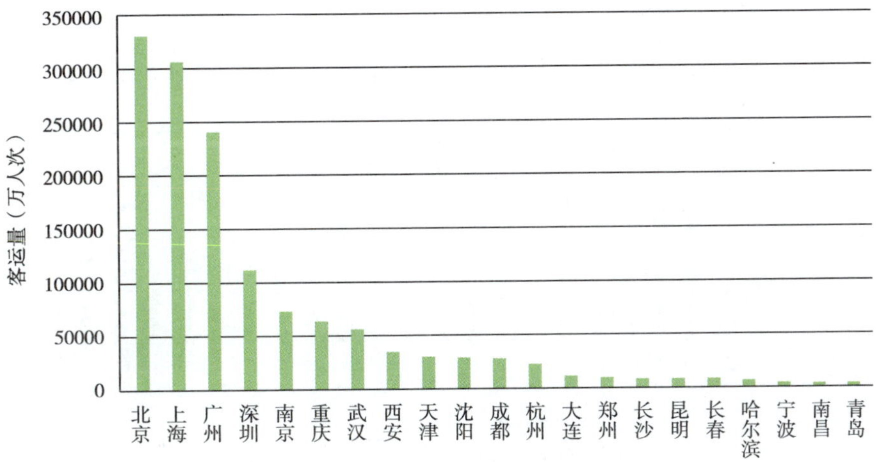

图 1–23　2015 年轨道交通客运量

已开通轨道交通的中心城市中，每公里日均客流强度如图 1–24 所示。广州市以 2.61 万人次 / 公里日超越北京、上海，占据第一的位置。其他日均客流强度超过 1 万人次 / 公里日的城市有西安、北京、深圳、上海、成都，其中西安的客流强度超过北京、上海。

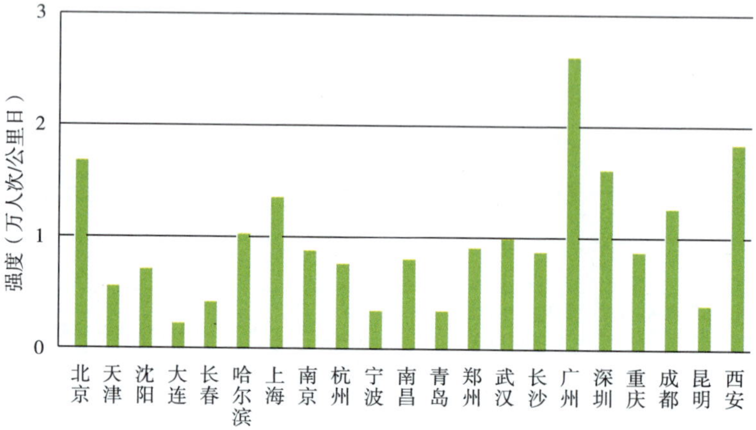

图 1–24　轨道交通每公里日均客流强度

已开通轨道交通城市中，高峰小时最小发车间隔（秒）如图 1–25 所示。高峰小时最小发车间隔最小的是北京市，也是国内唯一成功缩短到两分钟以内的城市，达到 103 秒，其他发车间隔可以控制到 3 分钟以内的城市有广州、上海、南京、重庆、成都及深圳，处于比较发达水平；其他各城市高峰小时最小发车间隔情况不一，大部分处于 3~6 分钟的阶段。只有 2015 年刚开通运营的南昌、青岛及哈尔滨的高峰小时发车间隔超过 6 分钟。

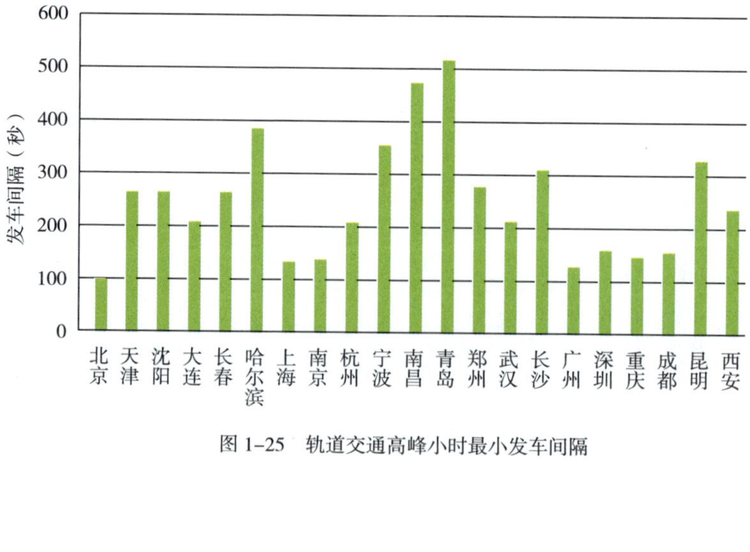

图 1–25　轨道交通高峰小时最小发车间隔

1.3.2.4 出租汽车

在 2015 年，各中心城市中，北京、上海和重庆的出租车载客车次总数均在 4 万车次以上，位居前列。大部分中心城市的出租车载客车次总数在 1 万车次以上，少数中心城市（如呼和浩特、宁波、厦门、济南、南宁、海口、昆明、拉萨、西宁和银川）的出租车载客车次总数在 1 万车次以下（见图 1–26）。

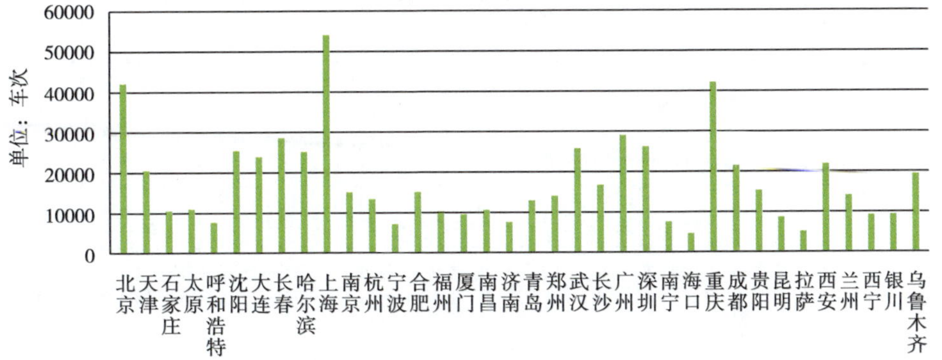

图 1–26 各中心城市出租车载客车次总数

大部分中心城市的出租车运营里程在 300000 万公里以下，少数城市（如北京、天津、上海和重庆）的出租车运营里程在 300000 万公里以上。大部分中心城市的出租车载客里程在 200000 万公里以下，少数城市（如北京、天津、上海和重庆）的出租车运营里程在 200000 万公里以上（见图 1–27）。此外，北京、天津、上海和重庆的出租车运营里程远高于出租车载客里程。

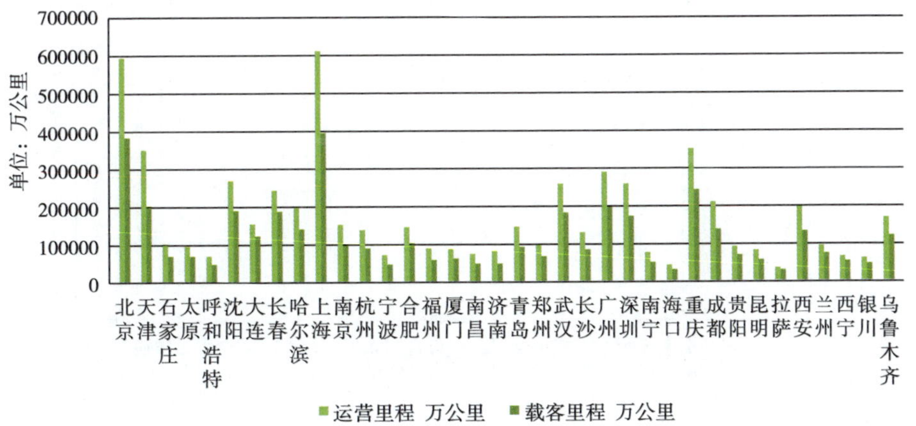

图 1–27 各中心城市出租车运营、载客里程

所有中心城市中，长春、上海、广州和重庆的出租车客运量位居前列，均在6万人次以上。少部分城市（如海口和拉萨）的出租车客运量在1万人次以下（见图1–28）。

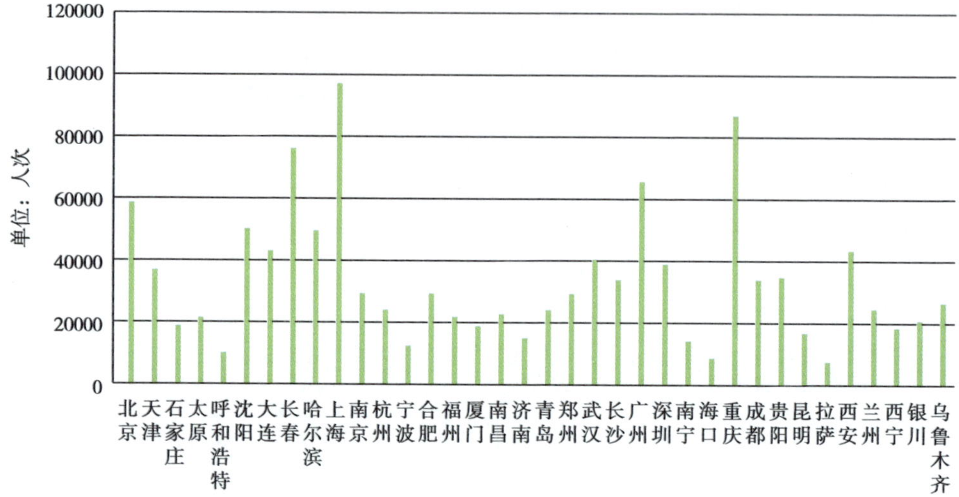

图 1–28　各中心城市出租车客运量

各中心城市出租车平均运营里程由出租车运营里程比运营车辆数得到。可以发现，大多中心城市的平均运营里程在10万公里左右。拉萨的平均运营里程显著高于其他城市，而北京、济南、郑州等的平均运营里程则较低（见图1–29）。

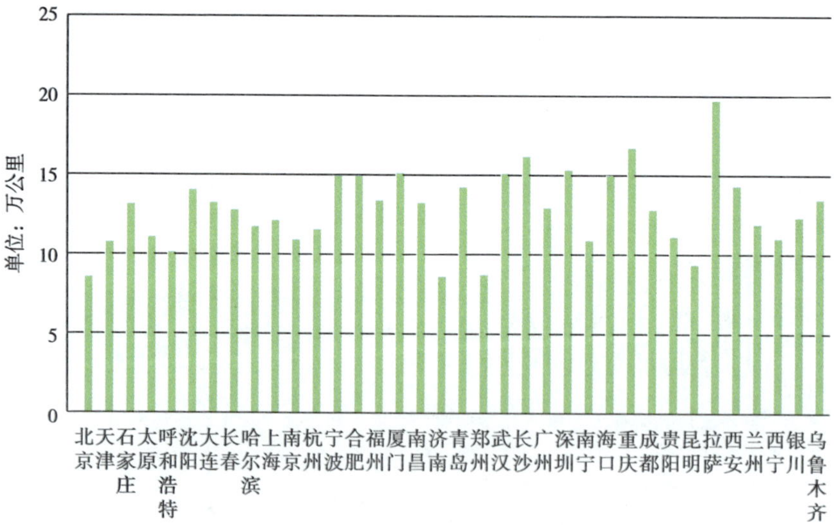

图 1–29　各中心城市出租车平均运营里程

各中心城市出租车平均载客次数由出租车载客总次数比运营车辆数得到。可以发现，大多中心城市的平均载客次数在 10000 次左右。拉萨的平均载客次数显著高于其他城市，而北京、天津等的平均载客次数较低（见图 1–30）。

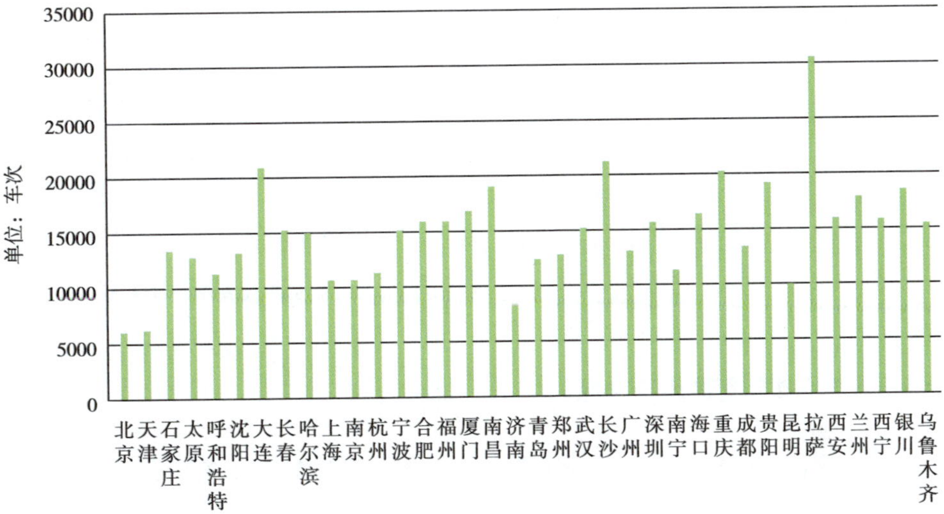

图 1–30　各中心城市出租车平均载客次数

各中心城市出租车里程空驶率由“100% – 出租车载客里程 / 运营里程”得到。可以发现，各城市的里程空驶率差异不大，均在 30% 左右。其中，天津、济南的空驶率超过 40%，大连、贵阳、拉萨、西宁的空驶率在 20% 以下（见图 1–31）。

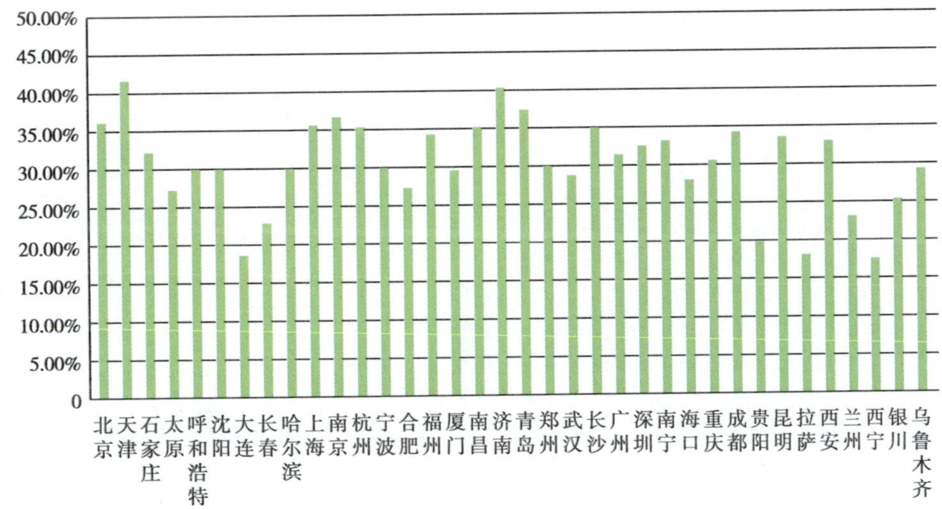

图 1–31　各中心城市出租车里程空驶率

1.3.3 区域发展特点

中心城市的发展具有区域性特点。本节内容分区域、分类型对 36 个中心城市进行了对比分析，选取典型城市交通运行指标，得到相应的特征，为各城市选取城市交通管理策略、补齐发展短板提供决策支持和建议。

我国 36 个中心城市按东部、中部、西部地区自然地理位置划分如下：

东部地区：北京、天津、石家庄、沈阳、大连、上海、南京、杭州、宁波、福州、厦门、济南、青岛、广州、深圳、南宁和海口；

中部地区：太原、呼和浩特、长春、哈尔滨、合肥、南昌、郑州、武汉和长沙；

西部地区：重庆、成都、贵阳、昆明、拉萨、西安、兰州、西宁、银川和乌鲁木齐。

1.3.3.1 城市道路运行状况

北京、上海、广州作为一线中心城市的代表，拥堵延时指数仍有一定的差别。北京的全天拥堵延时指数最高，且与高峰拥堵延时指数差值较大，表明高峰时期的拥堵情况较为严重；上海与广州的全天拥堵延时指数相近，但高峰拥堵延时指数相差较大，表明上海在高峰时期道路运行情况更严重。而二线中心城市拥堵延时指数一般都低于一线中心城市，但与一线中心城市的情况类似，各个城市的差别较大（见图 1–32）。因此，一、二线中心城市需要因地制宜，制定不同的交通管制措施，保障城市道路运营良好。

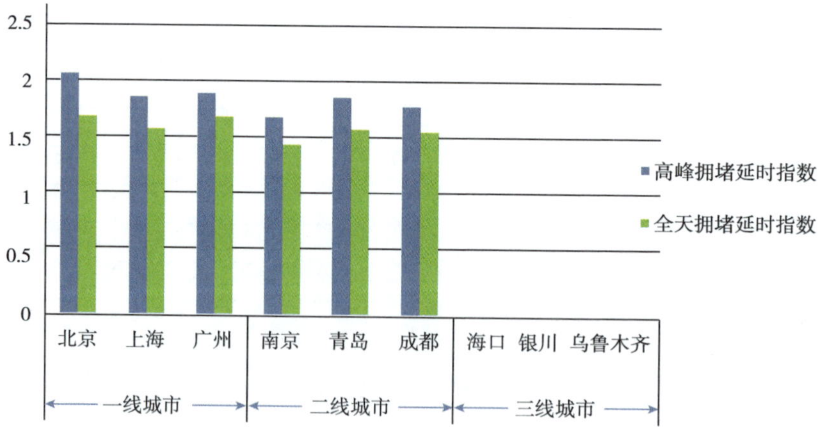

图 1–32　2015 年一、二、三线中心城市交通拥堵延时指数对比

选择北京、天津、杭州作为东部中心城市城市的代表，可以发现 3 个中心城市的拥堵延时指数的差别较大。尽管东部中心城市公共交通比较发达，但相应的机动车保有量高、人口密度大，因此面临拥堵的压力依然较大。选择武汉、合肥、长沙作为中部中心城市的代表，可以发现中部地区拥堵延时指数较为相似，且基本小于东部中心城市，高峰拥堵延时指数的差值相较于东部中心城市较小（见图 1–33）。随着中部中心城市经济的发展，有效控制机动车数量、大力发展公共交通、实施科学的道路管理措施，仍然是非常重要的缓解拥堵的手段。

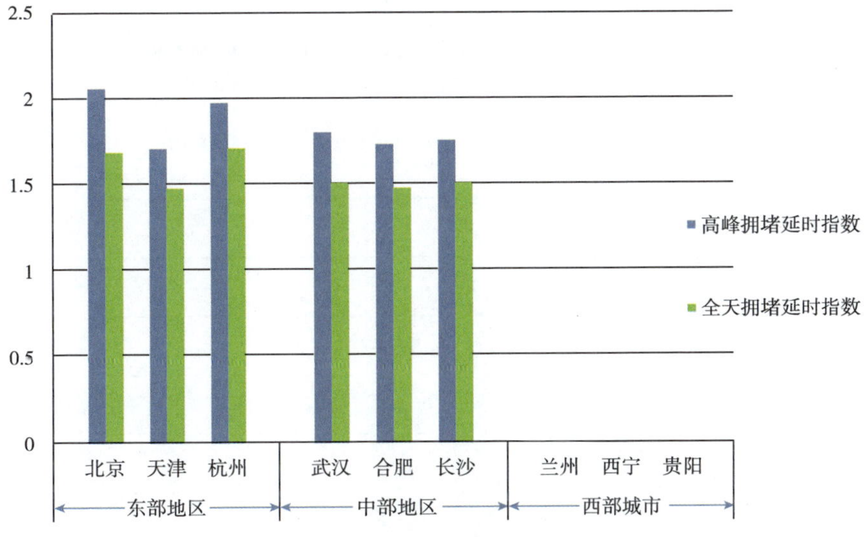

图 1–33 2015 年东、中、西部地区中心城市交通拥堵延时指数对比

选择北京、广州、上海作为典型一线中心城市，可以看出：高峰平均车速都很低，差距不大，低于发达国家。同时 3 个中心城市的情况各不相同：北京的高峰平均车速最低，广州的全天车速最低；上海整体车速较高。南京、青岛、成都作为二线城市的代表，平均车速差距较大，但基本高于一线城市，尤其是全天平均车速（见图 1–34）。

东部地区的中心城市代表为北京、天津、杭州，可以发现杭州的平均车速远远低于天津，甚至低于北京。东部地区中心城市发展程度不同，平均车速的差距较大。中部城市平均车速差距较小，相对东部地区平均车速要高，道路运行较为通畅（见图 1–35）。

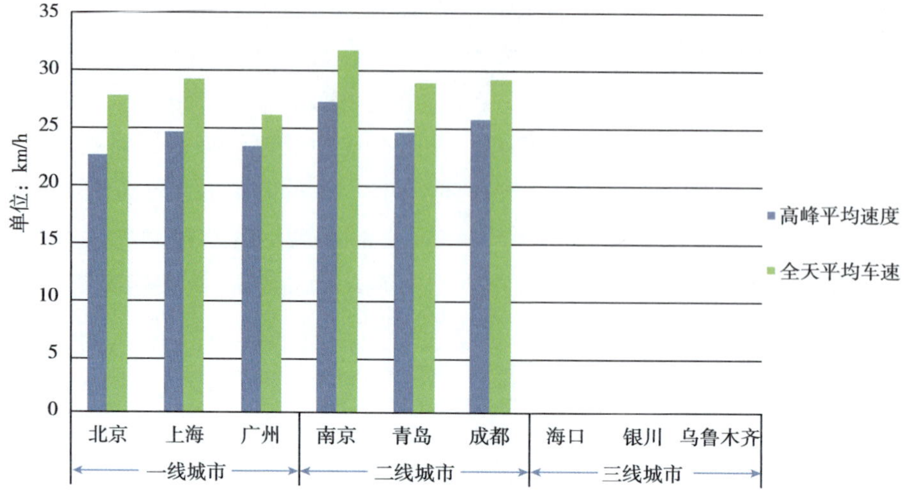

图 1-34　2015 年一、二、三线中心城市平均速度对比

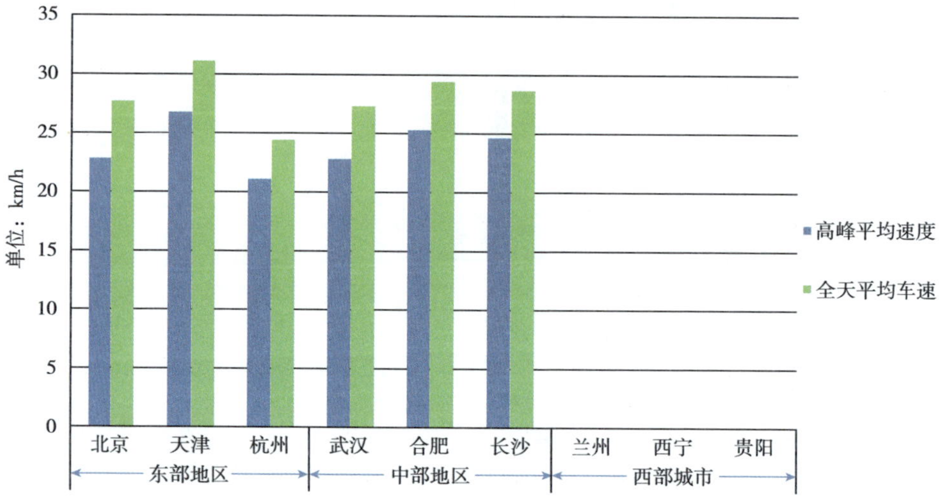

图 1-35　2015 年东、中、西部地区中心城市平均速度对比

1.3.3.2　公共汽电车与轨道交通

一、二、三线代表城市公共汽电车运营线路数见图 1-36。其中，最高的是上海，共有 1429 条；其次为广州，共有 1158 条；最低的是海口，有 34 条。目前，公共汽电车在中心城市公共交通系统中还处于主体地位，但是在一、二、三线城市中的作用各不相同。在一线城市中，随着轨道交通成网，出租车及自行车等交通

方式的延伸，公共汽电车的需求有所下降。在二线城市中，轨道交通还处于建设中，公共汽电车运营的压力巨大。在大部分三线城市中，缺乏轨道交通，出租车和自行车系统还处在建设中，公共汽电车的作用还是十分重要的。图 1–37 为东、中、西部城市公共汽电车运营线路数量。

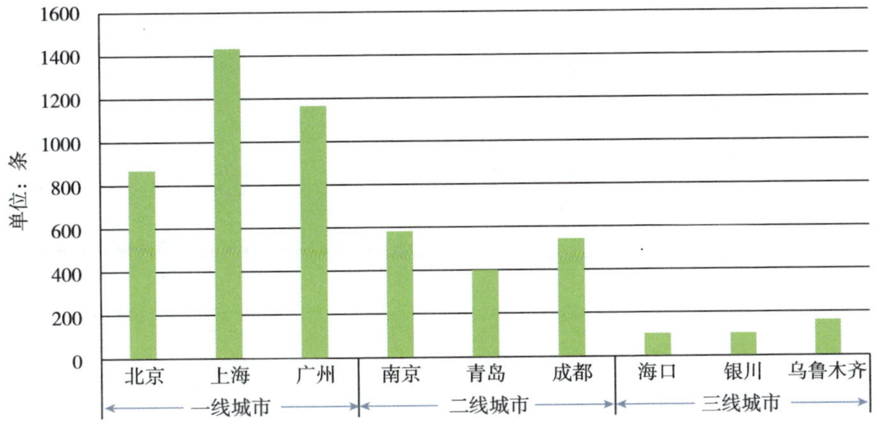

图 1–36　2015 年一、二、三线城市公共汽电车运营线路数

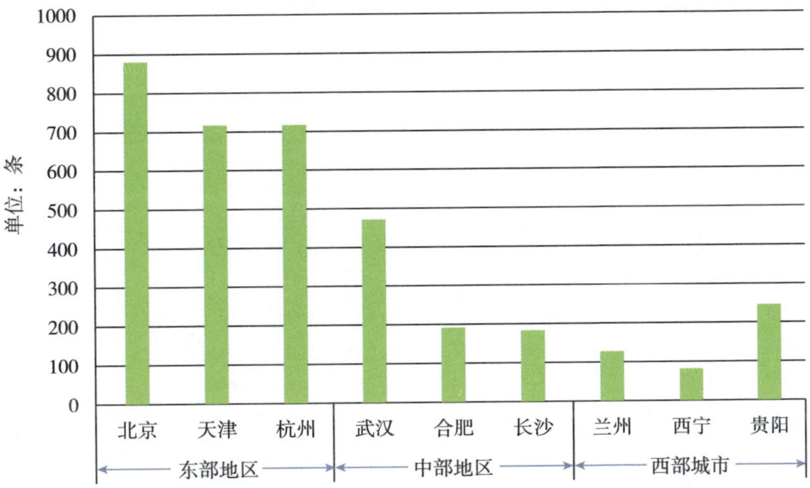

图 1–37　2015 年东、中、西部地区城市公共汽电车运营线路数

图 1–38 和图 1–39 是我国一、二、三线代表城市和东、中、西部代表城市的轨道交通建设情况。其中最高的是北京，截至 2015 年年底共开通有 18 条线路；其次是上海和广州，分别开通了 16 条和 10 条线路。目前，我国轨道交通建设主要集中在一线城市及东部的一些省会城市。36 个中心城市中共有 21 个城市开通

轨道交通。

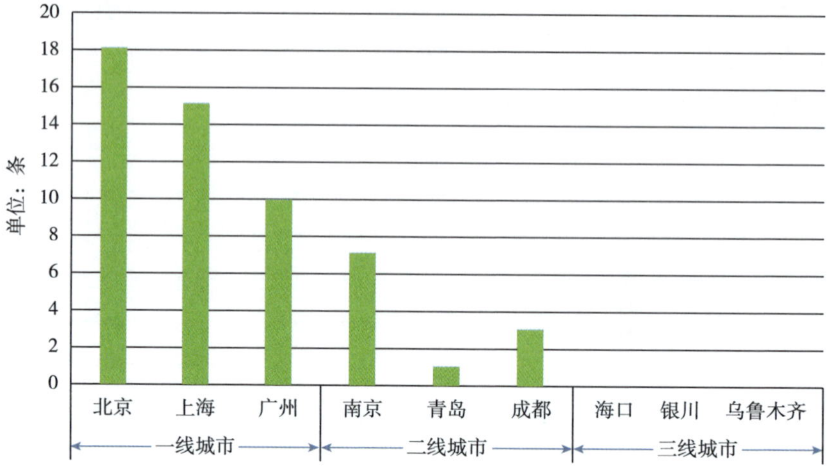

图 1–38　2015 年一、二、三线城市轨道交通数量图

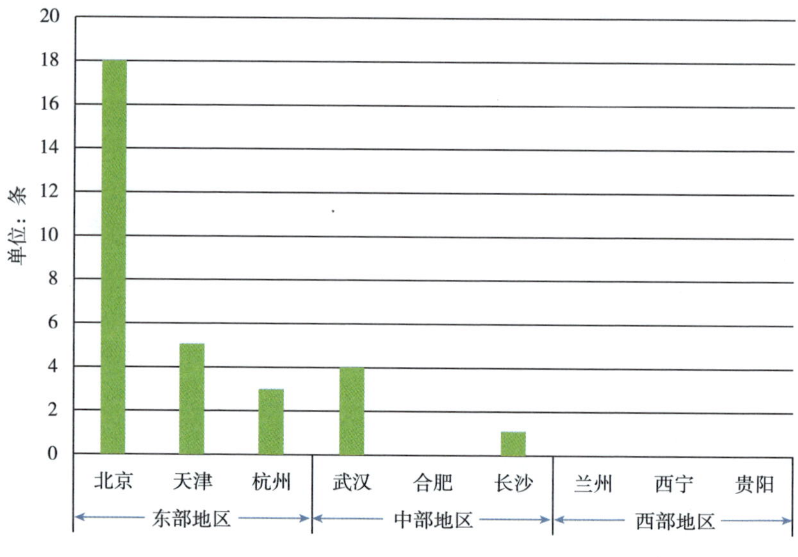

图 1–39　2015 年东、中、西部地区城市轨道交通数量图

图 1–40 和图 1–41 分别是我国中心城市一、二、三线代表城市和东、中、西部代表城市 2015 年新能源车辆数量。2015 年我国纯电车公交数量最高的是深圳，为 1836 辆；其次为杭州和上海，分别为 1608 辆和 1437 辆。2015 年我国纯电动出租车数量最高的是深圳，为 1160 辆；其次是北京和南京，分别为 1000 辆和 700 辆。

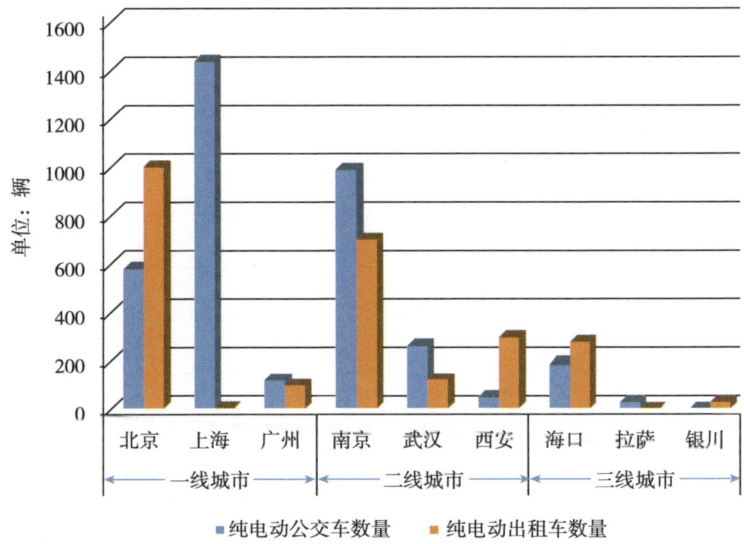

图 1-40　2015 年一、二、三线城市新能源汽车数量

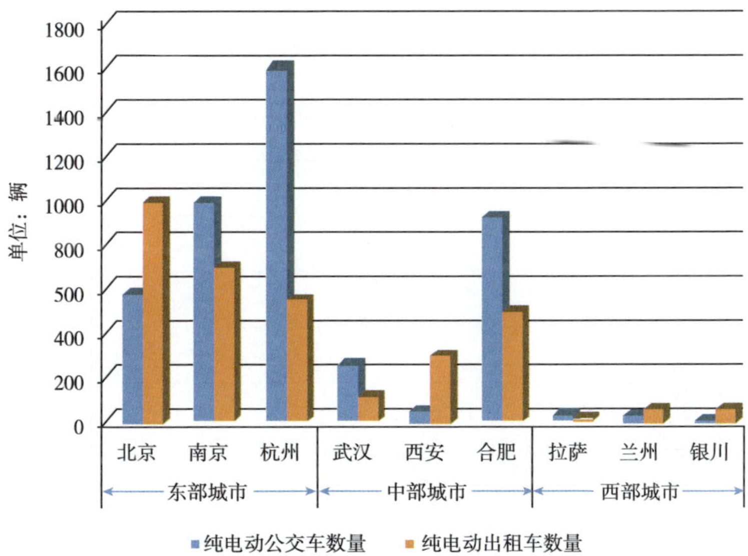

图 1-41　2015 年东、中、西部地区城市新能源汽车数量

1.3.3.3　出租汽车

一线城市的出租车数量明显高于二、三线城市。东部地区城市的出租车数量平均值明显高于其他地区城市，但中部地区较为发达的城市出租车数量与东部地

区城市相近或略多（见图 1–42、图 1–43）。

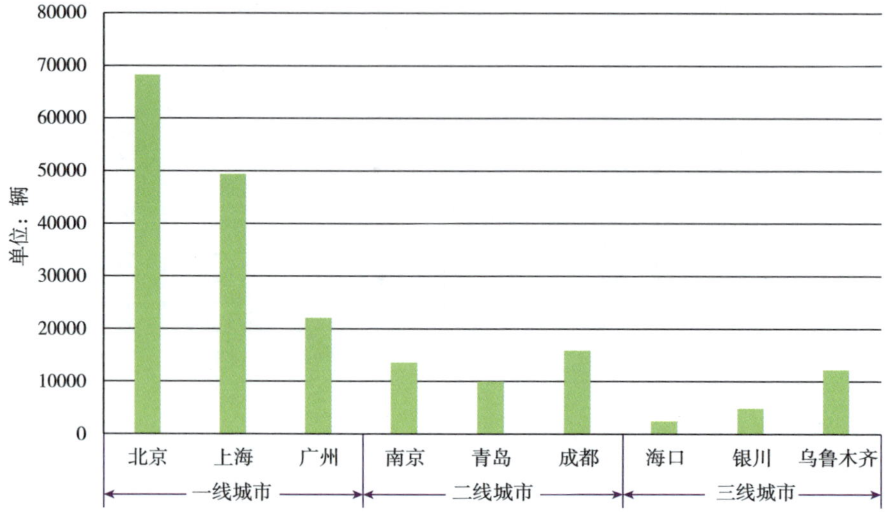

图 1–42　2015 年中心城市分地区出租车运营车辆数比较 (a)

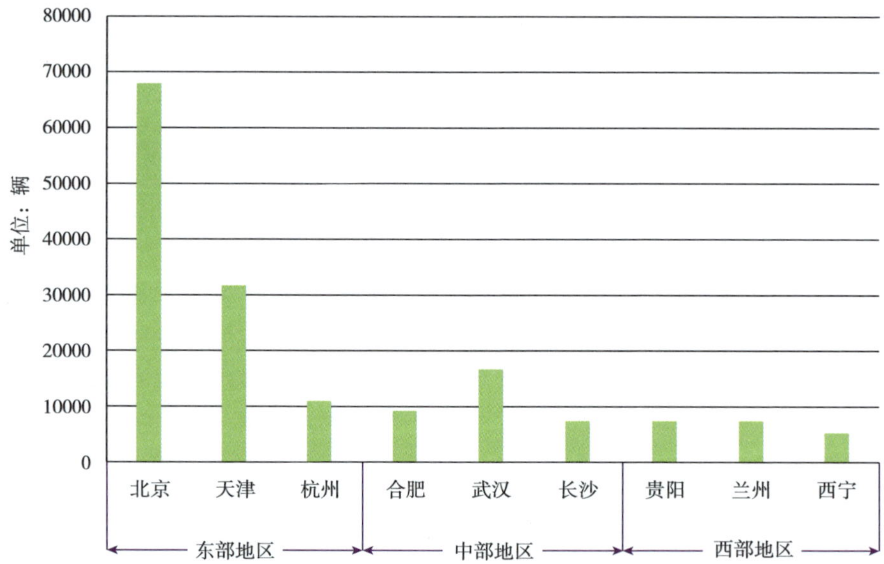

图 1–43　2015 年中心城市分地区出租车运营车辆数比较 (b)

一线城市的出租车客运量明显高于二、三线城市。而从东、中、西部城市来看，除了东部地区个别城市的客运量较大外，各地区的差异并不是很明显（见图 1–44、图 1–45）。

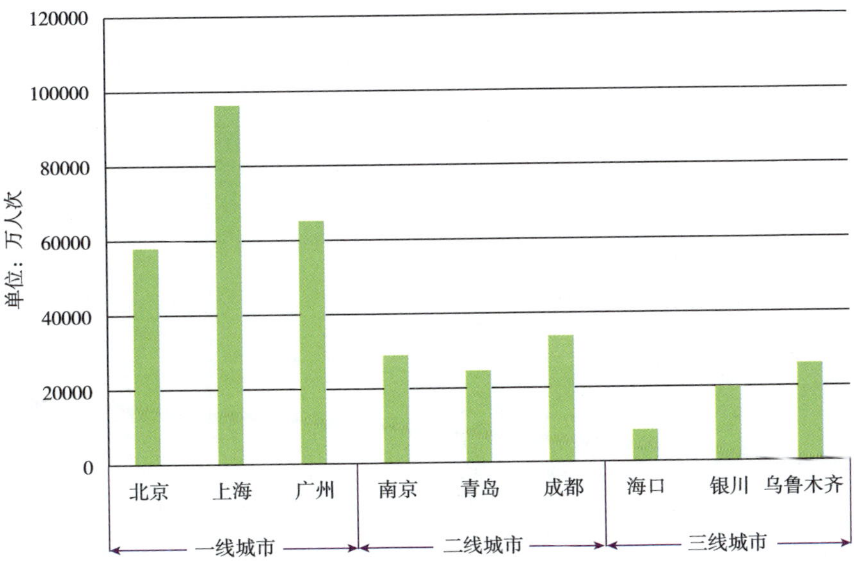

图 1-44　2015 年中心城市分地区出租车客运量比较 (a)

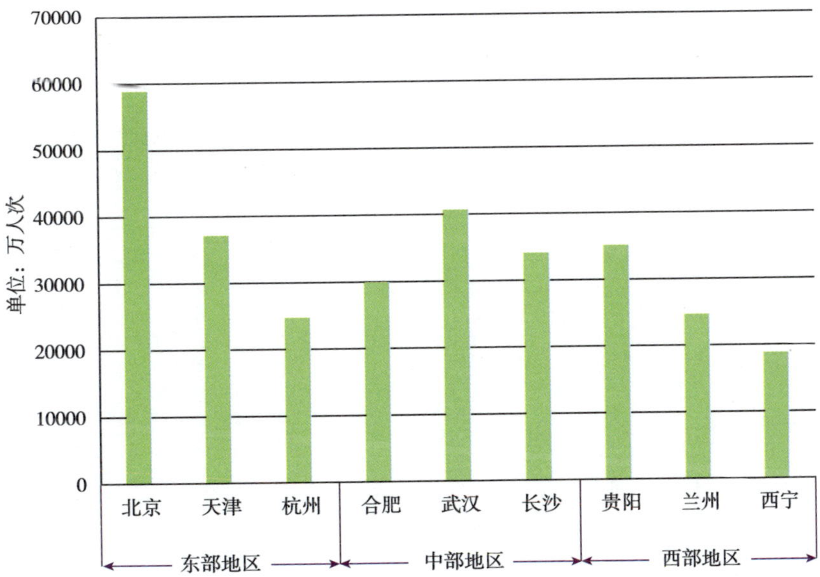

图 1-45　2015 年中心城市分地区出租车客运量比较 (b)

各区域城市之间出租车经营业户数差距显著。即使是同样经济发展水平的城市，出租车经营户数也因城市自身发展特性而有较大差距。总体来说，一线城市出租车经营户数要高于二、三线城市，东部地区城市出租车经营户数要高于中部和西部地区城市（见图 1–46、图 1–47）。

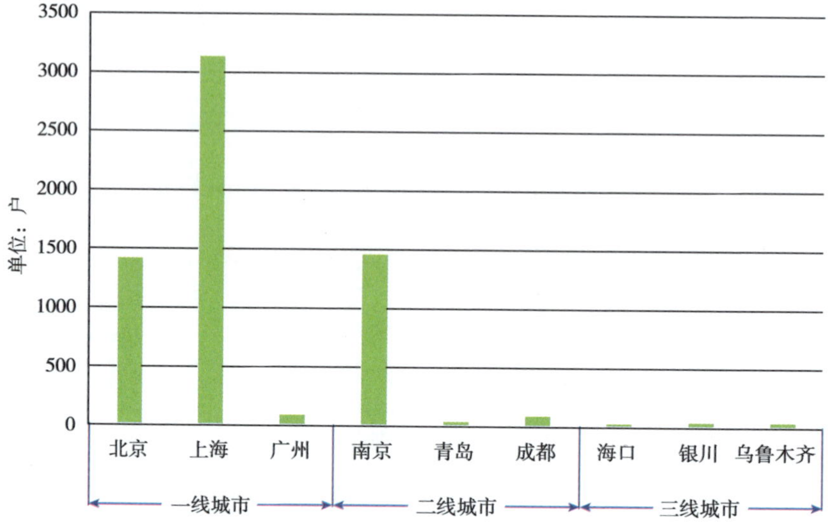

图 1–46　2015 年中心城市分地区出租车经营业户数比较 (a)

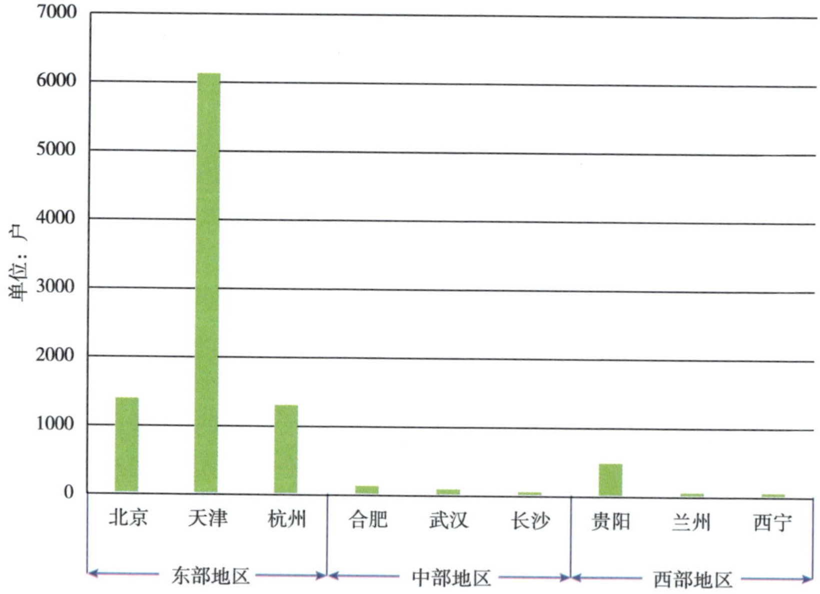

图 1–47　2015 年中心城市分地区出租车经营业户数比较 (b)

不同经济发展水平的城市，出租车的里程空驶率差距不大，均在 30% 左右。但西部地区城市出租车的里程空驶率（25% 以下）显著低于东部地区城市（35% 左右），中部地区城市（30% 左右）则介乎两者之间（见图 1–48、图 1–49）。

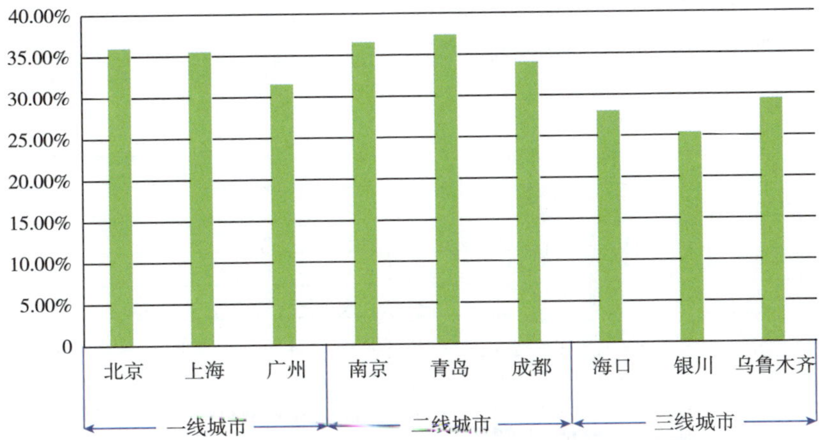

图 1–48　2015 年中心城市分地区出租车里程空驶率比较 (a)

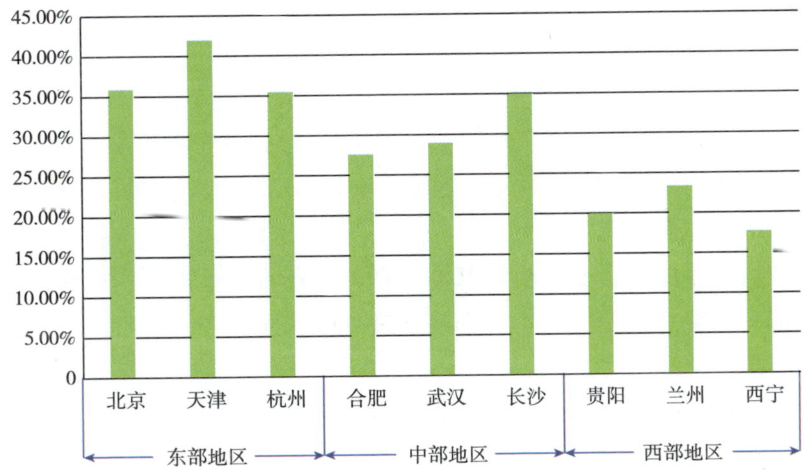

图 1–49　2015 年中心城市分地区出租车里程空驶率比较 (b)

1.3.3.4　综合交通枢纽

综合交通枢纽为整合铁路、公路、航空、内河航运、海港和管道运输为一体的海陆空协同枢纽体系。综合交通枢纽是综合交通运输体系的重要组成部分，是衔接多种运输方式、辐射一定区域的客、货转运中心。近年来，我国综合交通枢纽的建设取得重大的成果。

图 1–50 为一、二、三线城市综合交通枢纽数量，其中一线城市代表为北京、上海和广州，二线城市代表为武汉、成都和西安，三线城市的代表为西宁、银川

和乌鲁木齐。高居首位的是上海，共建有 84 座综合交通枢纽。一、二、三线城市的综合交通枢纽数量整体呈现阶梯形变化，三线城市的综合交通枢纽数量比较少，有待进一步加强。

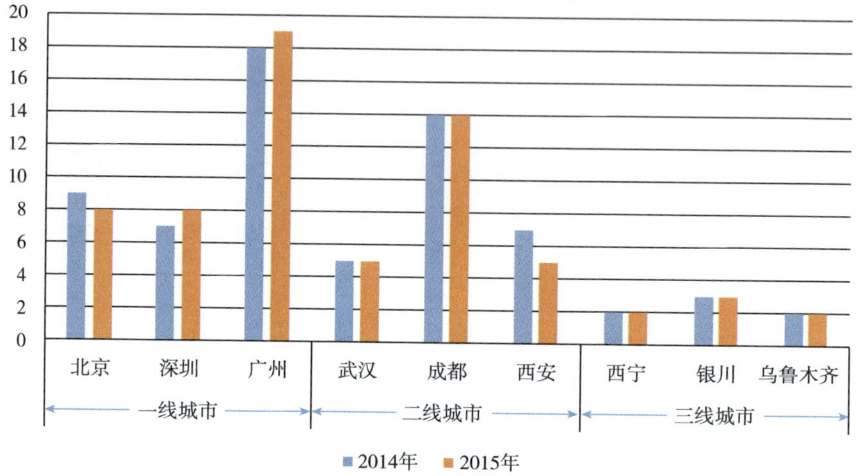

图 1–50　2015 年一、二、三线城市综合交通枢纽数量

图 1–51 为我国东、中、西部地区综合交通枢纽代表城市的数量。东部地区城市综合交通枢纽数量基本上都超过 10 座，其中上海市共有 84 座，居于全国首位；中部地区城市的综合交通枢纽基本上在 5 座左右，还需要积极建设；西部地区除了成都，综合交通枢纽基本上都超不过 3 座，还处在起始阶段，对各种资源的整合还有挖潜空间。

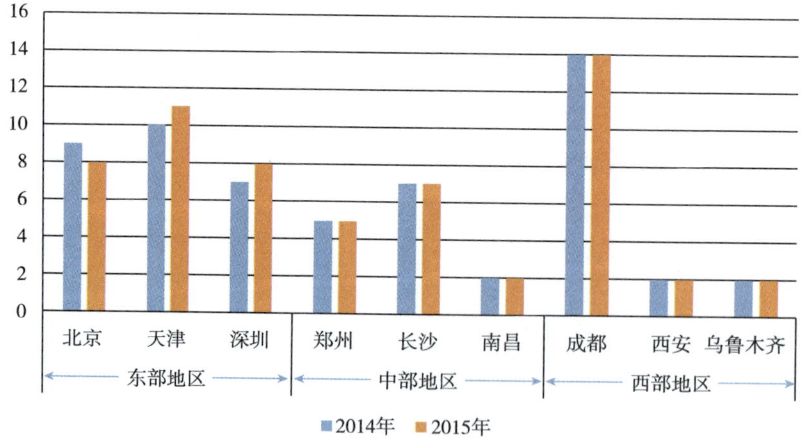

图 1–51　2015 年东、中、西部地区城市综合交通枢纽数量

第 2 章　中心城市交通发展热点聚焦

2.1　出租汽车行业深化改革

出租汽车为社会公众提供个性化出行服务，是城市出行链条的重要环节。出租汽车行业关乎人民群众的便捷出行，关乎数百万从业者的就业与生活，是国内外城市政府都极为重视并审慎对待的行业。

2015 年，在各大网约车平台的大规模促销与补贴下，网约车用户规模爆发式增长，致使传统巡游出租汽车与网约车的矛盾愈发尖锐。2015 年 10 月 10 日，交通运输部对外发布《关于深化改革进一步推进出租汽车行业健康发展的指导意见（征求意见稿）》和《网络预约出租汽车经营服务管理暂行办法（征求意见稿）》，向社会公开征求意见。围绕这两个文件，“出租汽车行业改革”成为贯穿 2015 年城市交通领域的焦点话题。

2.1.1　中心城市出租汽车行业发展概况

36 个中心城市的出租汽车运营车辆总计达到近 50 万辆。其中，大部分中心城市的出租车运营数量在 2 万辆以下，少数城市如北京、天津、上海、广州和重庆的出租车运营数量在 2 万辆以上。而北京的出租车运营数量达到 68284 辆，远高于其他城市。

在城镇化和机动化快速发展的大背景下，我国中心城市交通所面临的环境更为严峻，包括公交、地铁、私家车、出租汽车在内的各种出行方式都难以“畅行”，这些压力都会加倍传导至出租汽车行业。

中心城市出租汽车行业一直以来都负重前行，新兴业态的兴起、壮大、繁荣使其所承受的压力更为沉重。特别是在 2015 年，随着网约车的兴起，出租汽车驾驶员营收明显下降，行业中原有的矛盾被进一步放大，不但“打车难”、拒载、绕路等经常见诸媒体的服务频发，而且因网约车争夺客源、经营权和劳资纠纷所引发的停运等恶性事件也时有发生。

从 2011 年至 2015 年，中心城市的出租汽车总数保持低位增长，总的客运量则保持低位减少，一增一减，导致出租汽车总的空驶率上升，从业人员平均收入明显下降。

各中心城市出租车从业率由出租车从业人员数量比常住人口得到。从图 2–1（长春数据缺失）可以发现，大多中心城市的出租车从业率在 0.3% 左右。乌鲁木齐、拉萨等的从业率较高，而石家庄、宁波等的从业率较低。

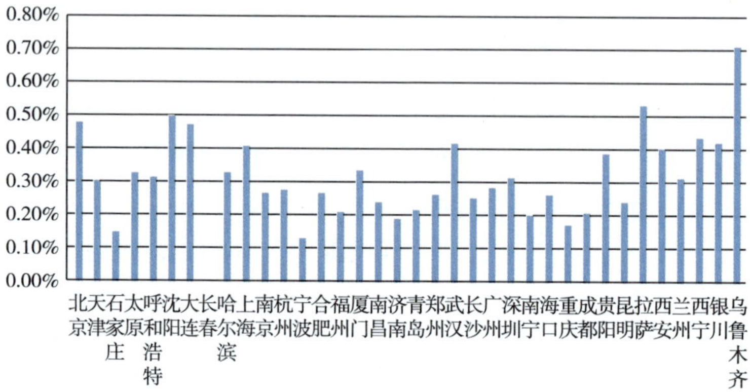

图 2–1　2015 年中心城市出租汽车从业率

2.1.2　网约车发展概况

2015 年被认为是中国网约车模式的形成年。依托大中型城市（特别是中心城市）的技术、资本和海量的出行需求，中国网约车在借鉴国外网约车模式基础上，融合国内实际需求，逐步发展定型，形成了带有鲜明中国印记的网约车模式。

2.1.2.1　网约车模式的形成

我国网约车的现有模式是两个源头合流的结果：

一个源头是由易到用车（简称“易到”）开启的早期“专车”模式。早在 2009 年，易到就通过与星级酒店合作的方式，通过网络和手机平台，为商务出行人士提供接送机、接送站、日内短租等服务。这种模式瞄准出租汽车行业缺乏高端、定制、个性化服务的缺陷，以高质高价的模式提供服务。除了偶尔有媒体提出有“黑车”运营嫌疑之外，这种模式并未对出租汽车行业产生影响。

另一个源头是借鉴国外早期的打车软件，通过手机 APP 预约出租汽车的打车软件模式。2014 年 8 月起，以滴滴打车（简称“滴滴”）为代表的打车软件平台推出以私家车为主体的“专车”、“快车”。在这一时期，滴滴、易到、神州、优步中国几乎同时发力，各自用高额补贴争夺私家车司机和乘客，各家的运营模式也趋同，并在 2015 年年初整合成为当前的网约车模式。

图 2–2 为 2015 年滴滴、神州等专车服务订单量占比情况。

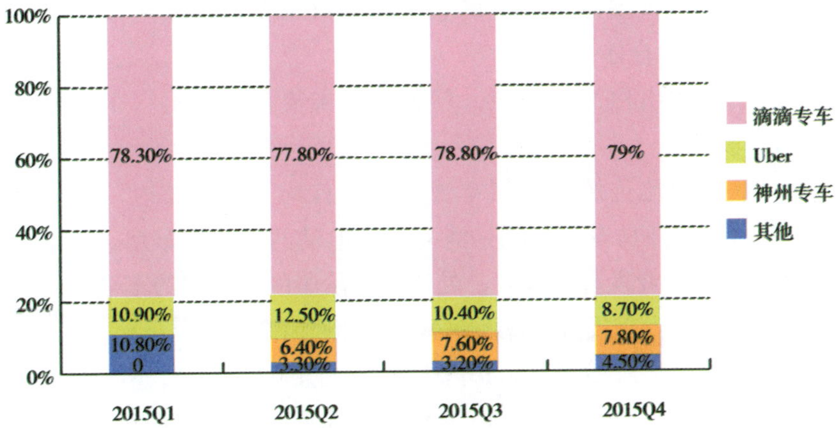

图 2–2　2015 年专车服务订单量占比

数据来源：《易观中国互联网出行市场专题研究报告 2016》。

也就是从这时开始，传统出租汽车行业与新兴的网约车行业开始出现裂痕，并在随后的发展中矛盾逐步激化。

2.1.2.2　中心城市网约车市场

2015 年，以中心城市为焦点的中国网约车市场格局发生巨变，大规模融资、并购、补贴等事件层出不穷，并在 2015 年年底基本形成三类市场主体、多种运营模式共存的市场格局。

1. 追求全国性服务、互联网特色鲜明的四家网约车平台

这一类包括滴滴、优步、易到和神州 4 家平台。其主要特点包括：

（1）建立起全国性的服务平台，用户规模和订单量极大。这四家平台是网约车市场的绝对主体，占据了全国 95% 以上的网约车市场份额。

（2）企业估值高，融资能力强。

（3）都有强大的互联网背景或基因，在技术、市场营销、商业模式上比传统出租汽车行业更有优势。如滴滴的投资者包括阿里巴巴、腾讯、苹果，优步中国的投资者包括百度，易到被乐视控股，神州专车背后则有联想集团、云峰基金（马云个人参与的投资基金）。

2. 立足城市、带有传统出租汽车行业转型特色的重点网约车平台

这其中包括北京的首汽约车（首约）、广州的“如约”、贵阳的“神马”专车等。其主要特点包括：

（1）投资和运营主体是传统的大型出租汽车企业，或是在管理部门引导下的出租汽车企业联合体。

（2）车辆使用出租汽车牌照，驾驶员也主要是从出租汽车驾驶员群体中选拔的优秀驾驶员。

（3）车辆档次比传统出租汽车要高，“首约”、“如约”的车辆价格都在 20 万元以上，“神马专车”则是清一色纯电动的特斯拉车型。

3. 由汽车制造企业发起或投入，处于试探阶段的特色网约车平台

这其中包括吉利汽车投资的曹操专车，另外通用汽车、大众汽车、奔驰等也都谋划自身的“专车”平台。这类平台是汽车制造企业的试探之举，还处于“潜伏”期。

目前，四大网约车平台中滴滴一家独大，优步、易到和神州紧紧跟随。由于第一类网约车平台通过资金和用户量已经建立了较高的竞争门槛，第二类和第三类平台未来很难成长为全国性的平台，但在地方城市市场还将有一定的发展空间。从出租汽车行业发展趋势，特别是即将推出的出租汽车改革新政来看，“私家车能否参与运营”对滴滴、优步、易到等网约车平台有关键影响，未来中国的网约车市场格局可能还将迎来剧变。

图 2-3 为城市出行用车图谱。

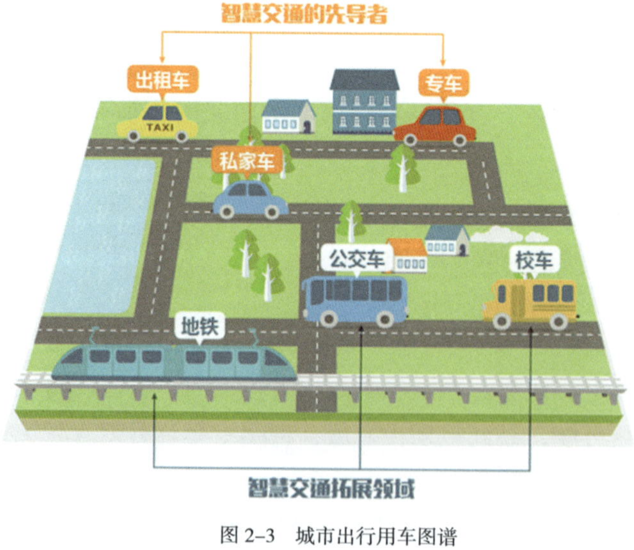

图 2-3　城市出行用车图谱

2.1.3　2015 年出租汽车行业改革

2014 年以来，针对出租汽车行业发生的一系列不稳定事件，国家有关领导高度重视，对出租汽车改革发展稳定做出了一系列重要指示批示。

2015 年，交通运输部启动出租汽车行业深化改革的整体部署，出台《关于深化改革进一步推进出租汽车行业健康发展的指导意见》（简称《指导意见》）、《网络预约出租汽车经营服务管理暂行办法》（简称《管理办法》）两个文件作为出租汽车行业改革“新政”的主体。围绕这两个文件的内容设定、征求意见、修改完善等过程，出租汽车行业改革成为 2015 年全社会的舆论焦点。

2.1.3.1　新政制定过程

2015 年 1 月，交通运输部成立了深化出租汽车行业改革工作组，频繁进行调研、座谈等，从我国当前实际情况出发，总结国内外出租汽车管理经验和教训，凝聚改革共识，形成了《指导意见》和《管理办法》两个文件的初稿。3 月，交通运输部印发文件初稿，征求地方交通运输主管部门和国务院各有关部门意见，并根据各方意见建议进行了修改。

以文件初稿为基础，2015 年 6 月 3 日，交通运输部邀请了部分出租汽车企业、驾驶员和乘客代表、法律及交通专家征求意见；6 月 25 日至 26 日，交通运输部邀请国务院有关部门、各省（区、市）、有关部门负责人参加出租汽车深化改革座谈会；7 月 20 日，交通运输部再次召开了深化出租汽车行业改革论证会，除邀请之前各方代表外，还邀请部分网约车平台（互联网）企业、网约车驾驶员加入座谈。

根据各方意见修改后，交通运输部于 2015 年 10 月 10 日发布《指导意见》、《管理办法》，向社会公开征求意见。在一个月的公开征求意见期间，共收到有效意见 5008 件。通过拆分处理，共梳理出意见 6832 条。其中，仅简单表示支持或者反对的态度性意见共 903 条，提出具体修改意见和建议的共 5929 条（见图 2–4）。

2.1.3.2　新政方向

上述《指导意见》、《管理办法》两个文件确立了出租汽车行业深化改革的基本思路与框架。其中，《指导意见》为整个出租汽车行业健康稳定发展新局面指明了方向，是出租汽车改革新政的核心、本质内容。

《指导意见》共 6 个部分 20 条，主要的内容分以下 6 个方面：

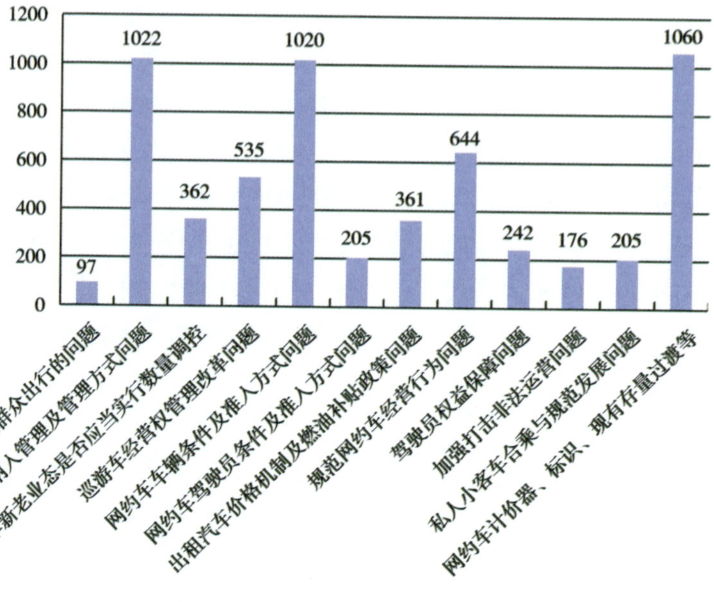

图 2–4　征求意见期间的意见和建议汇总

（1）给予出租汽车全新的定位，要求适度发展。《指导意见》认定出租汽车是城市综合交通运输体系的组成部分、城市公共交通的补充，为社会公众提供个性化运输服务。这一定位确立了优先发展城市公共交通、适度发展出租汽车的总基调。

（2）对出租汽车实行许可管理和运力动态调整。《指导意见》要求出租汽车实行运营许可管理，科学确定出租汽车运力规模，同时建立动态监测和数量调整机制。这一点明确了现有法规体系的要求，即将出租汽车运营服务依然纳入行政许可范畴，但在总的运力数量上要建立新的动态调整机制。

（3）巡游出租汽车经营权实行无偿使用。《指导意见》明确了对巡游出租汽车经营权无偿使用的基本原则，新增出租汽车经营权全部实行无偿使用，已经实行经营权有偿使用的城市要逐步取消。这一规定为巡游出租汽车的经营权改革建立了基础，即经营权未来只与服务质量挂钩，经营权的进入与退出将更为顺畅。

（4）利益分配和承包费（份子钱）将采用协商模式。利益分配与承包费（份子钱）是驾驶员和企业的突出矛盾之一，《指导意见》调整了各地现有多由行业主管部门联合价格主管部门确定承包费上限的做法，鼓励、支持和引导相关利益各方协商利益分配，对承包费（份子钱）实行动态调整并向社会公布。

（5）鼓励互联网与出租汽车融合发展。《指导意见》鼓励出租汽车行业加快与互联网融合发展，以互联网技术推动转型升级。“融合发展”成为化解当前巡游出租汽车与网约车之间矛盾的基本原则。

（6）完善出租汽车价格形成机制。《指导意见》明确预约出租汽车运价实行市场调节价，巡游出租汽车运价由各地根据本地区实际情况实行政府定价或市场调节价。

2.1.3.3　新政意义

出租汽车管理是世界性难题，我国各个城市出租汽车管理面临着许多共同的困境和矛盾，深化改革是出租汽车行业健康发展的战略选择和必由之路。改革是啃硬骨头、打攻坚战，需要科学、理性的制度设计，需要积极、审慎地推进，对待敏感而复杂的出租汽车改革更需要如此。

用专业视角审视此次出租汽车改革新政，积累了深层次矛盾的关键问题都得到一定程度的解决：

在经营权问题上，强调要实行期限制与无偿使用，逐步扭转传统出租汽车行业失灵的运营机制，降低出租汽车驾驶员和乘客负担；对出租汽车数量和价格，提出了动态调整的总体要求，尽力发挥市场机制在这一特许经营领域的效能，让出租汽车行业服务能更好地响应群众的出行需求；在服务监管上，强调要推行服务质量考评，建立优胜劣汰的准入与退出机制，根治“拒载”、绕路、议价等行业恶习。

对迅猛发展的网约车主要在两个层面进行规范：

一是将其定性为网络预约出租汽车，纳入出租汽车范畴进行管理，用相对成熟的权责体系约束在资本与技术双重刺激下的新兴企业。二是在数量、价格、车型等方面，提出由地方政府根据实际需求制定，并鼓励通过市场机制调节，以求尽力满足多元化城市不同群体的个性化需求。

出租汽车改革新政对少部分人和群体短期可能会产生负面影响。但制定政策是为了出租汽车行业的更加稳定健康、城市交通更加通畅和城市更加宜居，符合绝大多数老百姓的长远利益。改革的争议与阵痛都在情理之中，只要目标清晰、策略正确，站在城市和城市交通发展全局，怀抱方便群众的赤子之心，用开放的心态凝聚共识，出租汽车行业乃至整个城市交通必将收获巨大的改革红利。

专栏

2015 年出租汽车行业大事记

◆1 月 8 日　针对 2014 年各种“专车”的快速发展，交通运输部提出十六字方针：“以人为本、鼓励创新、趋利避害、规范管理”。

◆1 月 10 日左右　沈阳、青岛、南京、济南、长春、成都等城市出现出租车停运事件，共同指向“专车”。

◆1 月下旬　交通运输部印发《关于全面深化交通运输改革的意见》，提出要科学定位出租汽车服务，加强对手机召车等新型服务模式的规范管理。

◆2 月 14 日　滴滴打车和快的打车宣布战略合并，合并后改称“滴滴快的”，成为国内用户规模和订单量最大的平台，在网约车市场占据 60% 以上的市场。

◆3 月 12 日　在全国“两会”期间，交通运输部部长杨传堂在回应媒体提问时表示，出租汽车行业并不存在垄断，要理性对待“份子钱”问题，但是私家车不能作为“专车”运营。

◆3 月以来　深圳、苏州、无锡、常州、徐州、南昌、南京、宁波、金华、杭州、义乌、武汉等城市取消出租汽车经营权使用费，同时采取多种举措降低出租汽车“份子钱”。出租车与打车软件舆情再次由温转热。

◆5 月初　浙江义乌市出台《出租汽车行业改革工作方案》，明确表示取消政府向公司收取的运营权有偿使用费，逐步放开对出租汽车的数量、价格管控，新增出租汽车数量，增加多种预约服务等。

◆5 月 21 日　天津交通管理部门查处非法运营的“专车”时，部分“专车”司机围堵执法部门，这一行为引发了部分出租汽车驾驶员的不满，并导致部分出租汽车驾驶员与“专车”驾驶员的冲突。

◆6 月 15 日　武汉交通管理部门查处 Uber 等平台的非法运营“专车”，部分“专车”司机堵路抗议，相关信息通过自媒体迅速传播，几乎酿成群体性事件。随后成都、广州也发生类似事件。

◆ 7 月　北京、武汉、深圳、广州等多个城市交通管理部门约谈各大网约车平台，明确指出其组织私家车、租赁车从事客运服务的行为，涉嫌违法组织客运经营、逃漏税、违规发送商业性短信息（垃圾短信）和发布广告等。

◆ 7 月 28 日　交通运输部新闻办公室举办记者大讲堂，向媒体记者介绍了出租汽车改革相关情况，希望广大媒体记者全面了解出租汽车行业改革发展状况，在政府与社会公众之间架起沟通的桥梁，共同推动我国出租汽车行业健康发展。

◆ 9 月 9 日　滴滴快的正式改名为滴滴出行。滴滴对外声称，滴滴已经从单一的出租车软件成为涵盖出租车、专车、快车、顺风车、代驾及巴士在内的一站式出行平台。在经历多轮融资后，滴滴的估值已经达到 160 亿美元（人民币接近 1000 亿元）。

◆ 10 月 8 日　滴滴对外声称，通过与上海交通委员会合作，拿到国内首个网约车平台试行许可牌照。事后，上海交通委对这一声明没有明确表态。

◆ 10 月 10 日　交通运输部对外发布《关于深化改革进一步推进出租汽车行业健康发展的指导意见（征求意见稿）》和《网络预约出租汽车经营服务管理暂行办法（征求意见稿）》，向社会公开征求意见。在一个月的征求意见过程中，共收到 5008 条正式意见。

◆ 12 月 2 日　杭州市正式发布《关于深化出租汽车行业改革的指导意见》，推出经营权无偿使用、九区同城同价、运力运价适时调节等一系列措施。

2.2 城市交通拥堵治理

随着我国城镇化、机动化进程不断加快，交通拥堵已经成为阻碍城市发展的首要问题。2015 年，全国 36 个中心城市高峰平均速度约为 24 公里 / 小时，远远低于国际水平，交通拥堵已经成为各中心城市的通病。同时，由交通拥堵引发的出行时间和出行成本的消耗增加降低了城市居民的生活质量，减少了城市活力，带来了一系列的环境及社会问题。因此，为更好地促进中心城市发展，需要科学认识交通拥堵的发生原因，参考不同城市应对交通拥堵的实践与创新，结合各中心城市自身特点，因地制宜、“对症下药”，有效缓解和解决交通拥堵问题。

2.2.1 中心城市交通拥堵现状

交通拥堵是基于出行者主观感受做出的描述和判断，与出行个体基于不同出行目的的心理承受能力相关。根据北京市地方标准《城市交通管理评价指标体系》，交通拥堵被定义为由于交通供需矛盾，或受天气、施工、交通事件、交通管制等因素影响，造成路网中机动车形成延误增加、行程时间延长的道路交通现象。

目前，最为常用的评价城市交通相对拥堵水平的指标是交通拥堵指数，又称道路交通运行指数，简称交通指数。该指数是美国德克萨斯州交通协会最早于 1994 年提出。现阶段，交通指数在我国已经有成功应用经验。北京市交通指数是国内首创的综合反映道路网畅通或拥堵的概念性数值。

除北京外，随着我国交通信息化的不断推进，国内许多中心城市也相继研究并发布了各自的交通指数。上海、北京、宁波、浙江、温州、杭州、广州等城市可以在网上查询实时交通指数，广州、杭州、上海、北京还推出了手机端查询软件，用以了解道路运行情况。

值得说明的是，不同城市计算交通指数的方法不同，参数也不同，常见的有行程时间比、流量、车速、负荷度、拥堵里程比例等（见表 2–1）。

以北京市为例，北京市的交通指数取值范围为 0 到 10，每 2 个数一个等级，分别对应“畅通”、“基本畅通”、“轻度拥堵”、“中度拥堵”、“严重拥堵”5 个级别，数值越高，表明交通拥堵状况越严重。具体的计算步骤可简要概括为：

典型城市交通指数计算参数及方法　　表 2–1

城市或地区	计算参数	计算方法
上海	机动车运行速度、道路饱和度	以一定范围内各个路段实时采集的平均车速为基本参数，按不同等级道路设施要素和通行能力，加权集成并经过标准化后计算生成的
深圳	出行时间	利用实时车速、位置等数据，计算各条道路、各个片区及全市路网的平均车速和出行时间，建立出行时间与交通指数的换算关系模型，推算交通指数
杭州	行程车速	通过移动速度及路段断面通过的车流量等，先计算出某路段的实时行程车速，判定其拥堵程度，然后再参考该路段的长度、宽度、道路等级等，经过计算得出
东京	实际交通量	某路段实际交通量与一天 24 小时或白天 12 小时的评价基准量之比
美国德克萨斯州	每公里平均日交通量	道路拥堵指数为不同等级道路（包括高速公路和主干路）每公里平均日交通量的加权平均值。先计算每日车英里数，再用日车英里数除以车道里程得到每日车道英里，车英里数与车道英里数的比值经加权后计算得到道路拥堵指数

（1）依据城市道路等级计算道路网中各路段的平均行程速度；

（2）分别统计不同等级道路处于严重拥堵运行等级的路段里程；

（3）对各等级道路拥堵里程进行加权计算，确定道路网拥堵里程比例；

（4）按照道路网拥堵里程比例与道路交通运行指数的转换关系进行计算，再将道路网的交通运行水平划分为 5 个等级。

由此可见，交通指数是根据所在城市的实际特点进行定义和计算的，能够科学直观地反应不同城市的交通拥堵状况，帮助出行者选择最畅通的出行路线，有效减少无效的出行时间消耗。同时，由于标定的参数及计算方法不同，不同城市的交通指数之间并不一定具有可比性。

以北京市为例，根据 2015 年北京市交通运行分析报告，对 2014 年到 2015 年北京市的交通拥堵指数进行分析，可以得出图 2–5。

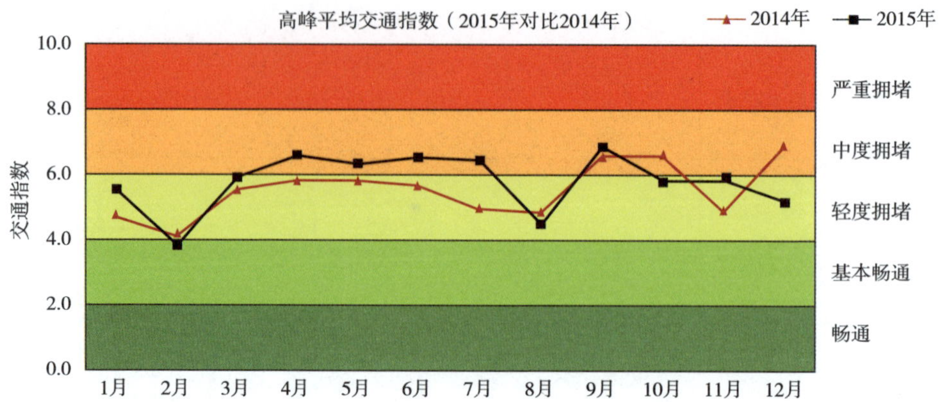

图 2-5　北京市 2014—2015 年高峰平均交通指数分月对比图

注：数据来源于北京市交通委员会 2015 年北京市交通运行分析报告。

据高德地图发布的《2015 年度中国主要城市交通分析报告》显示，2015 年全国 45 个主要城市拥堵排行中，27 个中心城市上榜，最拥堵的 10 个城市都是中心城市，依次为北京、济南、哈尔滨、杭州、大连、广州、上海、深圳、青岛、重庆。这也表明，2015 年交通拥堵作为城市交通的一大难题，仍然制约着中心城市的发展，影响着人们的工作生活。

表 2-2 为 2015 年各中心城市高峰平均车速、人均城市道路面积、民用汽车保有量等交通基本情况。

2015 年中心城市汽车保有量等交通基本情况　　表 2-2

城市	人均城市道路面积（平方米）	民用汽车保有量（万辆）	高峰平均速度（公里/小时）	城市	人均城市道路面积（平方米）	民用汽车保有量（万辆）	高峰平均速度（公里/小时）
北京	6.37	535	22.81	宁波	3.77	179	26.18
天津	8.50	283.05	26.9	合肥	7.51	116.88	25.34
石家庄	4.89	—	27.28	福州	3.48	—	26.45
太原	9.13	112.29	27.62	厦门	9.33	82.04	25.92
呼和浩特	7.34	—	—	南昌	5.22	—	—
沈阳	10.15	164.5	23.83	济南	11.19	154.1	21.23
大连	6.31	—	21.61	青岛	8.69	—	24.8
长春	9.13	—	24.13	郑州	4.36	239	23.85
哈尔滨	6.09	116.6	22.91	武汉	8.37	197.78	23.09
上海	4.13	282.32	24.69	长沙	5.43	168.83	24.72
南京	16.39	197.93	27.52	广州	7.71	224	23.49
杭州	6.32	224	21.19	深圳	10.22	314.7	25.44

续上表

城市	人均城市道路面积（平方米）	民用汽车保有量（万辆）	高峰平均速度（公里/小时）	城市	人均城市道路面积（平方米）	民用汽车保有量（万辆）	高峰平均速度（公里/小时）
南宁	5.53	175.61	23.29	拉萨	11.13	—	—
海口	11.55	53.4	—	西安	8.27	219	26.11
重庆	4.82	279	24.89	兰州	8.79	80.46	—
成都	5.05	366	25.91	西宁	3.95	—	—
贵阳	5.65	84.16	—	银川	8.71	69.0353	—
昆明	10.84	172.87	24.71	乌鲁木齐	8.74	—	—

从表2–2可以看出，2015年我国中心城市的人均城市道路面积平均值为7.59平方米。国际上现代化城市的城市人均道路面积根据城市规模的大小略有不同，发达城市平均值约为21平方米。由此可见，现阶段我国中心城市人均道路面积远低于西方发达国家，仍处于一个较低的水平。

2015年年末，全国民用汽车保有量达到17228万辆，新注册登记的汽车达2385万辆，保有量净增1781万辆，均为历史最高水平。中心城市民用汽车保有量总量为6036.56万辆，占全国的1/3，北京、成都、深圳等中心城市均居于全国前列。

城市人均道路面积不足、民用汽车保有量大，使中心城市交通拥堵问题更为突出。2015年我国各中心城市高峰平均车速在22公里/小时到28公里/小时之间，大多低于25公里/小时。

2.2.2　中心城市交通拥堵特征

事实上，在不同城市和同一城市的不同区域、不同时间呈现的交通拥堵特征不尽相同。大致可将现阶段中心城市的交通拥堵归纳为以下两类：

1. 常发性拥堵的时间及空间范围持续扩大

常发性拥堵表现为通勤时间段主要干路严重拥堵，即拥堵问题主要出现于早、晚高峰时段通勤需求比较集中的交通走廊，且基本为单方向的交通拥堵。2015年我国中心城市常发性拥堵仍保持常态化，但区域和时空蔓延趋势加剧，主要表现如下：

常发性拥堵的时段持续扩大。以广州为例，通常的早晚高峰时间为8:00~9:00和18:00~19:00。但在2015年，广州交通拥堵情况加剧，出行高峰时段呈现出“扁平化”特征，即“高峰持续长、峰值不明显”，早晚高峰分别被拉长为 8:30~11:00 及 17:00~19:30 时段。同时，由于出行量的增加，每到周末、节假日、大型活动时，早晚高峰会提前出现，道路拥堵情况加剧。

常发性拥堵的空间范围持续扩大，逐步由中心城区蔓延至市区外围。以上海为例，2015 年常发性拥堵区以中心区商业办公为主的区域逐渐向内中环区域扩展。工作日中心城区干道高峰平均行程车速降至 15~25 公里 / 小时，主要放射性道路高峰行程车速由 15~20 公里 / 小时降至 13~17 公里 / 小时，造成交通出行的极大不便。

2. 偶发性拥堵频发，影响日趋严重

偶发性拥堵是由于突发事件造成道路通行能力暂时下降而引起的拥堵，多由交通事故、天气、施工等不确定因素造成。若这类拥堵没有得到及时有效的解决，会呈现“点—线—面”蔓延的趋势，甚至构成区域性交通拥堵，影响整个路网功能效率的发挥及中心城市的交通运行。

由于偶发性拥堵是随机出现的，事前不可预知其出现的时间和地点，对于路网运行效果的不良影响更为严重，会造成更大范围、更大程度的交通拥堵。偶发性拥堵的疏散难度非常大，若拥堵疏散不及时或控制策略不佳，容易引起拥堵漂移（即拥堵会向车流的上游传播，严重的会引起拥堵闭环），造成更加严重的交通拥堵。

2015 年 7 月，北京市东四环大郊亭桥附近一辆大货车刹车失灵，导致七车连撞，形成了严重的交通拥堵。在此次交通事故处理完之前，拥堵的车队持续增长，延长时间约为 3.5 小时，拥堵车队最长达 17 公里，向后传递的速度高达 4.86 公里 / 小时。此次交通事故导致东四环南北方向严重拥堵时间达 4 个小时，造成了严重的社会经济损失。事发时车辆的平均到达率约为每小时 3500 辆，事故处理完毕后消散的流量约为 7500 辆，假定拥堵过程中车辆处于静止状态，事故造成的总延误约为 39800 小时。

由此可见，偶发性拥堵由于出现随机，对事故应急处理的能力要求高，一旦出现很容易造成比常发性拥堵更为严重的社会经济损失。

2.2.3 拥堵治理措施概述

2015 年我国中心城市交通拥堵在进一步恶化，全国交通拥堵程度加剧最严重的 5 个城市分别为广州、成都、长沙、郑州、杭州。其中，广州市中心城区城市道路日均交通拥堵指数为 5.57（轻度拥堵），比 2014 年上升 39%；晚高峰时段拥堵等级为“严重拥堵”的天数为 83 天，比 2014 年增加 8 倍多；“中度拥堵”天数达到了 123 天，是 2014 年的 41 倍（见表 2–3）。

各中心城市车辆保有量及增长率表　　表 2–3

城市	2014 民用汽车保有量（万辆）	2015 民用汽车保有量(万辆)	同比增长（%）	城市	2014 民用汽车保有量（万辆）	2015 民用汽车保有量(万辆)	同比增长（%）
北京	532.4	535	0.49	青岛	—	—	—
天津	284.39	283.05	–0.47	郑州	218.6	239	9.33
石家庄	—	—	—	武汉	163.7	197.78	20.82
太原	101.58	112.29	10.54	长沙	—	168.83	—
呼和浩特	—	—	—	广州	—	224	—
沈阳	145.5	164.5	13.06	深圳	311.15	314.7	1.14
大连	—	—	—	南宁	—	175.61	—
长春	—	—	—	海口	46.1	53.4	15.84
哈尔滨	—	116.6	—	重庆	441.07	279	–36.74
上海	255.19	282.32	10.63	成都	385.7	366	–5.11
南京	172.19	197.93	14.95	贵阳	89.94	84.16	–6.43
杭州	269.63	224	–16.92	昆明	196.1	172.87	–11.85
宁波	—	179	—	拉萨	—	—	—
合肥	97.57	116.88	19.79	西安	213.9	219	2.38
福州	—	—	—	兰州	61.48	80.46	30.87
厦门	—	82.04	—	西宁	—	—	—
南昌	61.81	—	–19.11	银川	51.23	69.0353	34.76
济南	138.3	154.1	11.42	乌鲁木齐	74.29	—	—

从 2014 年和 2015 年连续两年的机动车增长趋势来看，各中心城市民用汽车保有量的增长速度十分迅猛，机动车的增长会加剧中心城市的交通拥堵，交通拥堵仍会成为制约我国中心城市发展的重要因素。

产生交通拥堵最根本的原因是交通供需不平衡。随着我国中心城市经济的快速发展、城市人口及机动车保有量急剧增加，城市交通需求急剧扩大。但在有限的城市空间内，如交通基础设施、道路面积等交通供给不能满足日益增加的交通需求，造成交通资源严重缺乏、人均道路拥有率过低等问题，从而形成严重的交通拥堵。中心城市通过拓建等手段不断增加道路面积、提高交通供给，但伴随的是更加猛烈的交通需求的增加，城市道路面积增长率总赶不上城市机动车辆的增长率，使我国中心城市陷入“边修边堵、越修越堵”的境地，更加剧了中心城市交通拥堵状况。

交通拥堵问题是城市经济高速发展伴生的普遍现象，需要长期持续的治理。因此，以客观、理性与长远的态度审视和应对中心城市交通拥堵问题，采取“因地制宜”、适合自身发展的治理拥堵措施，就显得尤为重要。

现阶段，国内外兴起一种交通规划与管理的新思路，即交通需求管理（Transportation Demand Management，简称 TDM），通过改变人们的交通行为、出行观念减少交通总量，同时采取措施充分高效地利用交通资源，从而达到缓解交通拥堵的目的。根据 TDM 治理交通拥堵的内容，通常分为以下 3 类：

（1）调整交通源，减少交通发生量。主要措施如错时上下班、在高峰时段实行限行政策、私家车牌照限购等。

（2）改变交通方式，加强公共交通吸引力。主要是实施公交优先发展战略，建立以大运量轨道交通为骨干、常规公共汽车为主体、出租汽车等其他公共交通方式为补充的城市公共交通体系，有效缓解城市拥堵问题。

（3）均衡使用道路时空资源。主要是通过削峰或避峰缓解交通拥堵。目前具体措施为可分为时间性交通流量均分（如错峰上班、弹性上班等）与空间性交通流量均分（如单向交通、可变车道等）。

根据交通供需与交通拥堵的关系，以及 TDM 关于缓解交通拥堵的内容，可以将现行的交通拥堵治理措施分为交通供给措施与交通需求措施。

2.2.3.1 交通供给措施

为缓解交通拥堵，各中心城市实施的供给措施包括以下几类：

（1）增加中心城市的次干路及支路。即丰富中心城市“毛细血管”，扩大路网面积，提高道路可达率，增加道路密度，从而达到“四通八达”缓解交通拥堵的效果。2012 年，杭州市拱墅区开始加快建设支路，截至 2015 年兴修支路 60 多条，通过完善道路级配、加密区域道路，提高了路网整体承载能力和运行效率，有效缓解了杭州市区的交通拥堵情况。

（2）大力发展公共交通。公共交通服务占用空间资源少、环境污染小，实施公交优先发展战略，建立以大运量轨道交通为骨干、常规公共汽车为主体、出租汽车等其他公共交通方式为补充的城市公共交通体系，是缓解中心城市拥堵问题的重要方式。

以快速公交（简称 BRT）系统为例，2011 年 8 月乌鲁木齐市 BRT 系统开始正式运营，开通不到一年，　BRT 线路客流量超过 1 亿人次。目前，乌鲁木齐市 BRT 系统日载客 45.7 万人次，即每 6 人中就有 1 人选择乘坐 BRT 出行，真正成为居民出行的首选交通工具。乌鲁木齐 BRT 系统以其快捷、舒适的特性，有效满足了市民出行需求，成为缓解交通拥堵的重要手段。

（3）加大停车供给，提高停车场利用率。机动车停车设施是城市交通系统中不可分割的组成部分，合理的增加停车泊位供给对于缓解中心城市交通压力、保障交通系统安全有序运行、治理中心城市交通拥堵有重要作用。

目前，我国停车位缺口超过 5000 万个，各中心城市小汽车与停车位数量的平均比例约为 1 : 0.8，低于发达国家的 1 : 1.3，停车供需矛盾尖锐。合理增加停车位，满足城市停车需求，通过建设地下车库、立体停车场等措施提高停车效率，能够有效减少因找不到停车位而占用车道、乱停车等问题，是缓解交通拥堵的重要手段。

2.2.3.2　交通需求措施

经过多年的地方实践可以发现，单纯地依靠增加交通供给缓解中心城市交通拥堵有很大的局限性，往往是治标不治本。近年来，各中心城市通过大力发展交通需求措施来缓解交通拥堵，主要有以下几种方式：

（1）采用行政手段减少交通源。主要包括实行限购政策调控机动车增量、实行限行政策保障道路通畅、减少公务车的使用、实行机动车差别化调控等。

2015 年，我国共有 15 个中心城市实行不同程度的限行政策。限行政策限制了车辆上路，控制了道路机动车的数量，对削减城市机动车出行、缓解道路拥堵效果显著。自北京市“每周停驶一天”的分号限行措施实施以来，道路行驶车辆大幅度减少，拥堵路段也随之减少，机动车出行环境得到很大程度的改善，早晚高峰路网行车速度平均提高 15%，快速路提高 20%，拥堵时间缩短 1 小时。

2015 年，各中心城市公务用车制度改革全面启动，规定取消一般公务用车，保留必要用车，通过控制公务车数量、减少公务车使用频率，有效减轻了道路压力，缓解了交通拥堵。

（2）在试点城市征收拥堵费。交通拥堵收费本质上是一种交通需求管理的经济手段，目的是利用价格机制限制城市道路高峰期的车流密度，使整个城市的交通量向公共交通系统转移，抑制私家车的增长，达到缓解城市交通拥挤的目的，提高整个城市交通的运营效率。

现阶段我国尚未有城市开始收取拥堵费。2015 年北京市开始进行拥堵费收费系统研究。此外，上海、深圳、广州、杭州、南京等中心城市也曾表示希望将征收交通拥堵费作为治理拥堵的措施。

（3）采用停车收费管理。从国内外大城市发展实践看，停车场建设速度不可能赶上汽车增长速度，停车供需矛盾将长期存在。通过停车收费管理等措施，可以有效减少停车需求，缓解交通拥堵。现阶段我国中心城市停车收费管理可以分为差别化停车收费及路边停车收费。

实施差别化停车收费是通过差别化定价提高中心城区车辆使用成本、减少中心城区停车需求，对治理中心城区交通拥堵十分有效。

（4）建造停车换乘设施。停车换乘设施 (Park & Ride Facility，简称 P&R) 可以有效引导小汽车向公共交通方式转换，降低人们对小汽车的依赖，提高公交使用效率，缓解城市道路拥堵，是调整城市交通出行结构和交通流时空分布的最有效措施之一。

2.2.4 2015 年中心城市缓堵典型措施

2.2.4.1 限行与限购

2016 年，交通运输部印发《城市公共交通“十三五”发展纲要》，提出“谨慎采取机动车限购、限行的‘两限’政策，避免‘两限’政策常态化；已经实行的城市，适时研究建立必需的配套政策或替代措施。”目前，我国共有 8 个中心城市采用限购方式遏制私家车的快速增长，多个中心城市采取限行政策降低机动车的使用率。通过限行与限购政策，制定并实施中心城市的机动车增量调控措施，有效控制了主城区机动车增速，缓解了交通拥堵。

1. 限行政策

机动车限行是指为有效缓解交通拥堵、降低能源消耗、改善空气环境质量，禁止某类机动车（如外埠机动车）进入指定区域或者定期轮换限行的行为。

车辆限行政策，是一种典型的交通需求管理措施。实施车辆限行政策，将直接影响城市居民出行行为特征，可以有效地降低居民出行总量、弹性出行比例，缓解道路交通压力；可以有效地减少机动车出行强度，提高公共交通承载率，转变出行方式，缓解交通拥堵；可以有效提高车辆运行速度，降低机动化交通方式的出行时耗，提高通行效率。

现阶段我国中心城市限行政策主要有分车型限行、分时段限行、车辆尾号限行、外地车限行等，不同的城市根据自身的实际情况采取不同的措施。2015 年全国多个中心城市实行限行政策，实行尾号限行及外地车限行政策的典型城市见表 2–4。

2015 年中心城市车辆限行政策表 表 2–4

城市	限行区域	限 行 时 间	限行措施	限行实施时间（年）
北京	五环内	工作日 7:00—20:00	按尾号限行和外地车	2008
长春	部分主干路	工作日 6:00—20:00	按尾号限行	2010
上海	部分高架路	工作日 7:30—9:30，16:30—18:30	外地车和沪 C 号牌车	2002
杭州	中心城区	工作日 7:00—9:00，16:30—18:30	按尾号限行和外地车	2011
宁波	部分隧道	工作日 8:30—17:00	按单双号限行	2010
南昌	中心城区	工作日 6:00—24:00	按尾号限行	2009
武汉	部分隧道	工作日 7:00—22:00	按单双号限行	2006
成都	二环三环间	工作日 7:30—22:00	按尾号限行	2012
贵阳	一环内	工作日 7:00—20:00	按尾号限行	2011
兰州	中心城区	工作日 7:00—20:00	按尾号限行	2010
乌鲁木齐	中心城区	工作日 8:00—24:00	外地车	2012
天津	中心城区	工作日 7:00—19:00	按尾号限行	2014
石家庄	中心城区	工作日 7:30—8:30，17:30—19:00	外地车	2014

杭州市自 2011 年实行限行政策，并在 2014 年进行完善，限行政策实施的效果主要表现如下：

由于杭州城市面积不大，市民出行距离差别不大，时间段也较为集中，因此交通需求呈现出峰值明显的特征。针对这一交通需求特点，杭州实行早晚高峰时段的限行，在城市缓堵和方便市民中寻求最佳平衡点，有效缓解交通拥堵。自 2011 年实行限行政策并在 2014 年进行完善以来，限行政策在杭州市治理交通拥堵方面效果显著，主要表现在：

（1）早晚高峰时段交通运行状况得到明显改善，拥堵程度均好于限行前；

（2）限行初期交通改善效果显著，月度情况十分显著。

综合以上分析和各地实践的具体情况，限行管理措施主要的优缺点见表 2–5。

限行管理措施主要优缺点 表 2–5

优 点	缺 点
见效快，短期内能够明显降低交通流量；为改善公共交通服务水平提供缓冲的时间；相对其他市政工程更新改造更容易实施、资金相对投入少	实施效果会随着机动车保有量的继续增加而递减；诱发购买第二辆车，推动机动车保有量迅速增加；增加伪造涂抹机动车号牌等违法现象

2. 限购政策

现阶段我国中心城市车辆限购的主要实施办法有两种：一种是摇号分配指标，一种是竞价获取指标。车辆牌照摇号制度是对希望购车的市民进行统一登记，通过随机抽取的方式分配车辆牌照，限制机动车增长速度的制度。上海是我国第一个采用车牌号竞价获取购车指标方式的中心城市，基本思路是用车辆牌号拍卖的方式限制机动车的增长速度。

上述两种实施办法虽然不同，但最终的目的都是为了限制机动车增长速度，从源头上控制机动车保有量，缓解中心城市交通拥堵。

2014 年年底，深圳开始实行限购政策。截至 2015 年年底，我国共有 8 个中心城市实行限购政策。各个城市结合各自的环境，限购的方式、政策、指标各不相同，具体的实施情况见表 2–6。

我国汽车限购城市介绍表 表 2–6

序号	城市	限购时间	方式	限购政策
1	上海	1994 年	竞拍	全市每年配备 10 万个指标，一次性公布机动车额度年度投放总量和“警示价”措施，实施个人、单位机动车额度分场投标拍卖
2	北京	2010 年 12 月	摇号	2014 年起，小客车年度配置指标为 15 万个，每两个月摇号一次，根据个人参加摇号的累计次数设置阶梯中签率。示范应用新能源车中的纯电动车将单独摇号
3	贵阳	2011 年 7 月	摇号	专段号牌每月指标 2000 辆，无偿摇号上牌。普通号牌没有数量限制，但是不得驶入老城区
4	广州	2012 年 7 月	摇号 + 竞拍	全市中小客车增量配额为 12 万辆
5	石家庄	2013 年 6 月	家庭限购第三辆	2013 年起，限制家庭购买第三辆个人用小客车
6	天津	2013 年 12 月	摇号 + 竞拍	2013 年起，全市小客车每年 10 万个新车指标
7	杭州	2014 年 3 月	摇号 + 竞拍	2014 年起，全市小客车每年 8 万个新车指标
8	深圳	2014 年 12 月	摇号 + 竞价	2014 年起，全市小客车每年 8 万个新车指标。电动汽车也在限购之列

其中，北京市规定从 2014 年起到 2017 年的 4 年间，增量小客车年度配置指标由 24 万个减少到 15 万个。按照这个增长速度，北京市机动车保有量达到 600 万辆的时间将很可能推迟至 2017 年之后，这就为交通缓堵综合治理工作赢得更多的宝贵时间。

3. 政策影响

2015 年 9 月 29 日，国务院确定支持新能源和小排量汽车发展措施，促进调结构扩内需，缓解能源与环境压力，同时强调各地不得对新能源汽车实行限行、限购，已实行的应当取消。深圳、北京、杭州等城市相继表示放宽对新能源汽车的限购政策。

2015 年 10 月 13 日，深圳市小汽车指标调控管理中心率先发布公告称，单位和个人申请 2015 年度待配置电动小汽车增量指标的，符合申请条件并通过资格审查后，直接发放电动小汽车增量指标，不再实施摇号。深圳成为第一个响应国家号召取消新能源汽车限购的城市。

北京市 2015 年新增 2.35 万辆新能源车。同时为进一步促进新能源汽车发展，北京市规定从 2015 年第六期摇号起，将向所有通过资格审核的申请人直接配置新能源小客车指标。

2.2.4.2　停车管理

交通有动有静，一个完善的城市道路交通系统应由完善的动态交通系统（即行车系统）和静态交通系统（即停车系统）所构成，两者是交通系统不可分割、相互依存的两部分。因此，采取科学的停车管理措施，也是治理中心城市交通拥堵的重要内容。

近年来，我国中心城市机动车保有量增速迅猛，停车需求相应增加，采取合理的停车管理措施，将规范停车行为、提高车辆运行效率、减少机动车占用道路资源的行为，保证城市交通运行畅通，有效缓解交通拥堵。

治理交通拥堵的停车管理措施分为停车供给管理与停车需求管理两大类。停车供给管理是指通过停车场建设及停车位合理调配，缓解交通拥堵；停车需求管理是指通过停车管理政策对停车需求进行管理，以保证城市动态交通、居民生活的正常进行及城市系统的正常发展，从源头上减少停车需求，治理交通拥堵。现阶段我国中心城市主要采取增加停车供给、差别化停车收费管理、路边停车收费管理、建造停车换乘设施等几种停车管理措施方式。

1. 增加停车供给

近年来，我国汽车数量增长迅速，车位数量相对较少，各中心城市均面临停车难的问题，加剧了城市交通拥堵。目前，中心城市机动车停车位与机动车数量的比例远低于发达国家，停车场数量无法适应汽车保有量增长的需求，机动车保有量迅速增长与停车场建设滞后的矛盾十分突出。

2015 年，北京市共有机动车 560 万辆左右，停车位缺口达到 200 多万个。深圳、上海、广州、南京等城市的停车位缺口均超过 150 万个。

停车设施严重短缺，迫使机动车占道停放，影响了道路上车辆的正常运行，加剧了交通拥堵。2015 年广州市对 33 条道路停车调查，发现占用道路停放车辆达到这些道路面积的 40%，对交通运行造成极大的负面影响。停车设施供给不足，将增加车辆寻找停车位的时间，从而增加占用道路的时间，浪费道路资源。

为缓解因停车设施供给不足造成的交通拥堵，多个中心城市增设停车设施，并取得了很大成效。2015 年，呼和浩特市拥有机动车 85392 辆，仅有泊车位置 10000 多个，加剧了高峰时期的交通拥堵。为此，呼和浩特市采取几项措施进行治理，扩大停车供给是其中重要一项。呼和浩特市投入 20 个停车场建设，提供 7000 个停车位。在取得治理拥堵的成效后，2016 年又启动建设公共停车场 30 个、立体停车场 5 个，进一步缓解中心城区的拥堵问题。

为提供更加高效的停车设施，提高停车泊位的利用率，近年来各中心城市大力发展智能停车场、兴建地下及立体停车场、建设停车诱导系统、增加动态车位显示屏等。这些措施可以更科学地组织停车流线、减少冲突点、缩短停车时间，从而达到治理交通拥堵的目标。

2. 差别化停车收费管理

实施差别化停车收费，提高中心城区车辆使用成本，是治理交通拥堵的一种重要手段。与限号行驶和收取拥堵费等措施相比，实施差别化停车收费能收到更长久的成效。表 2–7 为我国部分中心城市差别化收费标准。

部分中心城市差别化停车收费标准 表 2–7

城市	差别化停车收费标准
杭州市	道路停车泊位分为 3 个等级，实行不同收费标准
广州市	根据市区人口、建筑密度、商业繁华程度、车位供需状况等因素，将公共露天停车场划分为3类地区，实行按时计费
北京市	根据时段（白天、夜间）、地区（分为三类）、用地性质（居住区、非居住区）设置不同收费标准。其中，对政府定价或政府指导价管理的非居住区停车场收费有单独标准。2015 年 11 月起除占道停车和驻地换乘（P+R 停车场）外，停车费全部放开，由市场调节定价
上海市	实施“六级六类”停车收费价格体系，按照地理位置和停车设施类型及服务质量将全市的停车位分成不同的价格等级，每抬高一个级别或者一个类别停车收费费率相应增加 1 元 / 小时

3. 实行路边停车收费

路边停车通常是指机动车辆在道路红线范围指定区域（路边停车泊位）内的停放。路边停车可有效地缓解路外停车设施容量的不足，充分利用道路空间，适合于临时停车。但城市道路上的路边停车会带来一定的交通问题，如干扰正常行驶的车辆，降低路段的通行能力，引起交通事故，加剧交通拥堵，对居民的生活和出行造成不便等。

中心城市路内停车的比例非常高，相应的机动车停车需求量非常大，要想在短时间内大量地减少路上和路边停车以完全消除对城市交通的影响是不现实的。特别是在城市中心商业区，停车需求量相对更大，建设路外停车场的可能性很小，大量减少路上和路边停车位容易诱发违章停车，会对交通运行带来更大的不便。

因此，合理地制定路边停车收费政策，既能有效发挥路边停车的优势，又能科学地控制停车需求，对于缓解中心城市交通拥挤的压力还是十分有效的。

2015 年，深圳重启路边停车收费，在南山、福田、罗湖、盐田 4 区 239 条路段约 12000 个泊位全面实施路边临时停车收费管理。根据深圳市综合交通运行指挥中心监测的数据，2015 年 4 月 13 日至 4 月 17 日与实施前相比，深圳市区内停车收费片区平均行车速度均有较大幅度提升，交通运行状况有明显改善。其中，福田区平均车速 19.6 公里 / 小时，上升 11.4%；南山区平均车速 20.6 公里 / 小时，上升 9.0%；罗湖区平均车速 19.3 公里 / 小时，上升 6.0%；盐田区平均车速 22.0 公里 / 小时，上升 12.2%。

根据中心城市不同区域的交通资源利用情况、交通基础设施配置情况，采取科学的城市路内停车收费措施，提高中心城区的路边停车费用，可发挥路内停车的特点，有效抑制区域道路停车需求，提高道路资源的利用率，改善中心城市交通拥挤状况。

2.3 中心城市与综合运输发展

综合运输是近年来交通规划、建设和管理的热点话题，由于其涵盖范围广、涉及部门多，对城市交通的乃至经济发展的影响范围大、时间长，逐渐成了许多城市交通发展需要考虑的重点议题。而在综合运输体系建设中，中心城市的区位优势和资源条件决定了其处在关键地位，有条件率先建立起完善的综合运输体系。

综合运输有着丰富的内涵。大交通管理体制、综合客运枢纽建设和综合信息服务创新是综合运输的几个重要组成部分，也是中心城市发展综合运输的重要抓手。2015 年，京津冀、沈阳、营口、上海、南京、镇江、杭州、宁波、济南、临沂、湘潭、武汉、广州、深圳、桂林、泸州共 16 个城市（城市群）被列为第一批综合运输服务示范城市。这些城市不断完善管理体制、建设基础设施、提升服务水平，为大交通发展奠定了良好基础。

2.3.1 综合运输体制改革

交通是系统性工程，牵涉社会经济的诸多方面，相应地交通上层管理体制也要有统筹与系统性管理。大交通管理体制的概念突破了传统的对交通分散的管理理念，从交通系统的高度出发，统筹交通规划、建设、运营、管理，从体制的角度促进交通问题的解决。

2.3.1.1 管理体制改革进程

综合运输体系中，管理体制是行业发展的标杆，对体系的建设有着强制性的指导、规范作用。统一高效的交通运输体系对交通运输生产效率、对经济社会发展有着很强的促进和推进作用，对保障运输行业的长远发展具有重要意义。

2008 年，新组建的交通运输部正式挂牌成立。作为大部制改革后第一个“挂新牌”的部委。它整合了原交通部、原国家民用航空总局、原国家邮政局及原建设部的城市客运职责。随后又于 2013 年管理新组建的国家铁路局。如今，更为深入的改革、调整仍在进行。2016 年 3 月 21 日，住房城乡建设部和公安部联合发布了原出租车管理办法废止的决定，退出了对出租车行业的管理，标志着以交通运输部为主导的交通行业管理体系职责的进一步明确。

中央的职责统筹为地方统筹交通管理树立了标杆。从 2009 年印发《深化中心城市交通行政管理体制改革研究》至今，交通运输部一直在努力推动各地方城市的交通运输管理体制改革。自 2009 年至 2015 年，中心城市中的北京、天津、上海、宁波、福州、青岛、郑州、武汉、广州、深圳、贵阳、兰州先后成立了市交通（运输）委员会，统筹管理各市的交通运输工作。

2.3.1.2　改革面临的问题与解决思路

在现阶段，对于大多数城市来说，综合运输管理体制还存在较多问题，主要集中在以下几个方面：一是缺乏统一建设的管理思想和体系，如政府角色不明确、重点领域管理跟不上市场发展形势等。二是管理体制重复性高、责任交叉现象多，如重复建设、收费检测真空地带、协调配合困难等。三是体制落后导致的矛盾突出，如不同交通方式间的矛盾、交通发展过程中的供需矛盾、交通与资源环境的矛盾等。四是外部监督机制不健全。五是交通运输投资体制滞后。

2015 年，为打破体制障碍对城市交通的约束，天津、兰州、贵阳等一些中心城市结合综合运输“十三五”的目标开展了体制改革工作。

天津在 2014 年就组建了市交通运输委员会，形成了公、铁、水、航、邮大交通管理格局，开创了综合交通体制改革的新局面。2015 年，天津市交通运输委员会更是借机有序地推进了管理机构、建设投资、运输市场、行政执法等重点领域改革工作，并在统筹管理的基础上提出了全局定位、发展目标、建设领域及具体重点任务。

2015 年 6 月，兰州将市交通运输局职责和相关部门的城市交通管理职责整合，组建了兰州市交通运输委员会。12 月，兰州市交通运输委员会又进行了职能调整：将原兰州市交通运输局的职责划入兰州市交通运输委员会；将兰州市城乡规划局的编制交通专项规划职责划入兰州市交通运输委员会。此外，交通运输委员会还加强了综合运输体系、城市公共交通、交通影响评价、交通需求管理、公路建设与管理等方面的职能。

2015 年 12 月，贵阳组建市交通委员会。交通委员会在市交通运输局的基础上，整合人防办、发改委、规划局、住建局，融合了多项职责，统筹协调全市城乡综合交通体系规划、交通基础设施建设、交通运输工作，综合分析交通运输运行状况，负责全市公路、水路运政、路政管理，组织编制综合交通发展规划、交通专项规划、轨道交通规划等。

从已进行交通体制改革的城市的经验来看，大交通管理体制建设可以有多种角度、不同层次的具体推进方式，包括：

（1）建立综合性的交通管理部门（如交通运输委员会），充分发挥政府的主导作用，明确政府在跨部门系统建设中的职能（如信息化系统统筹建设等）；

（2）完善、优化综合运输管理机构职能和综合运输服务管理工作综合协调机制；

（3）统筹规划各种运输方式平衡发展；

（4）拓展基础设施建设资金筹集渠道；

（5）完善交通运输的政策和法律法规；

（6）调整体制中不适应成分。

2.3.2 综合客运枢纽建设

综合客运枢纽是将两种以上运输方式及城市交通的转换场所在同一空间内统一规划建设，从而形成一体化的运输换乘系统。它是为社会服务的公益性交通基础设施。狭义上，综合客运枢纽建设是指其基础工程建设，以机场、火车站、长途汽车站、港口等各种交通枢纽站场为主体，还包括枢纽场站的集散网络及相互间的联络线、城市道路与对外公路的衔接、过境线路等。广义上，综合客运枢纽的建设还包括信息系统和管理运营服务体系。

2.3.2.1 中心城市枢纽建设情况

综合客运枢纽建设是中心城市综合运输基础工程建设的重要一环，是建设综合交通运输体系的重要切入点。它作为网络节点锚固了综合运输网络体系的基础，作为纽带衔接了各种交通方式，是实现一体化运输的关键“点”。

截至 2015 年年底，36 个中心城市共建成综合客运枢纽超过 230 个，为中心城市综合运输发展注入了强大动力。其中，大部分中心城市的综合枢纽数量在 5 个以下，少数城市如天津、上海、南京、宁波、广州和成都的枢纽量在 10 个以上，而上海的综合枢纽数量达到 84 个，远高于其他城市。图 2–6 为 2015 年我国综合客运枢纽数量居前 5 位的中心城市。

中心城市综合客运枢纽的建设与运营经验表明，在城市中设立融合多种交通

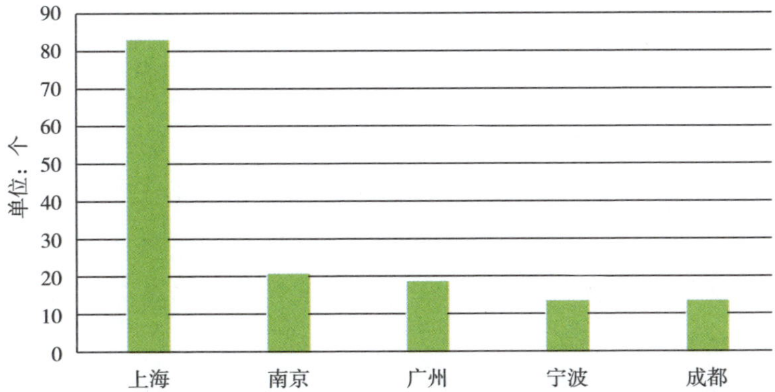

图 2-6　2015 年中心城市综合客运枢纽数量前 5 名比较图

方式的综合客运枢纽，能显著提升区域内的综合运输服务能力，带动枢纽附近地段的经济繁荣。

例如，北京东直门枢纽（见图 2-7）担负着市区交通与空港、东北近郊交通的衔接任务。它是亚洲最大的综合立体型交通枢纽，集合了公交、地铁、机场快线等多种交通方式，还能提供航空行李托运等服务。市区乘客通过各种公交方式抵达后，可以在此直接办理登机手续和托运行李，转乘机场快轨线到达空港候机楼直接安检登机。这部分功能缓解了市区至机场的交通压力和空港柜台压力，也方便了普通市民的出行。依托东直门枢纽，东直门地区的商业也有显著发展。

图 2-7　东直门公交枢纽

综合客运枢纽不是特大城市的专利，通过以点带面的推动，它已成为大部分城市建设综合运输体系的着力点。

2015 年，无锡综合客运枢纽（见图 2–8）项目获得年度詹天佑奖，这也是土木工程学会城市公共交通分类下的唯一得奖项目。除了在枢纽建设的施工技术和建筑节能的亮点，这个枢纽突破了传统的设计理念，集铁路、地铁、长途巴士、城市公交、出租车等多种交通方式和商业、酒店、办公业态于一体，统一规划设计建设，体现高效、环保、人本理念，是交通和建筑跨界融合，成为城市综合性交通枢纽的典范工程。

图 2–8　无锡交通枢纽全景图

在枢纽的空间设计布局方面，无锡综合客运枢纽兼顾了城市用地的集约化与经济性，构建了合理的交通流线，实现了人车分流。各种交通方式之间换乘便捷，结合人流主线合理附加商业空间，大大提升了枢纽的品质和商业价值。无锡综合客运枢纽的建成不仅方便了民众出行，而且提高了城市的综合运输服务水平，带动了城市的经济发展。

2.3.2.2　综合客运枢纽建设实践

城市交通需要综合客运枢纽的点，更需要从综合运输全局发展的高度考虑这些点与城市的关系。

中部地区，大量的交通联络线汇集于武汉，直接促进了武汉综合交通枢纽的发展。依托交通发展的大环境，“十二五”期间，武汉作为全国性铁路路网中心地位基本确立，“米”字形高铁正在形成。武汉市内已建成的综合客运枢纽数量达到 5 个，居于全国领先水平。在 2015 年度交通运输工作报告中，武汉市交通委员会强调政府在枢纽建设中的主导作用，并着重关注包括客货并举的航空枢纽、高铁引领的铁路枢纽、直达与转运“双轮驱动”的航运中心、互联互通的高速公路枢纽在内的枢纽能力建设。

西南地区，成都建成了成都东客站、双流国际机场等大型综合客运枢纽，通过多种综合交通枢纽的建设，衔接了城市对内与对外交通，实现了航空、铁路、公路、城市公共交通等多种交通方式无缝便捷换乘。2015 年，成都提出综合交通枢纽建设的新展望：全面建成布局合理、功能完善、衔接高效的西部综合交通枢纽主枢纽，初步建成内畅外通、辐射区域、联通世界的国际内陆型综合交通枢纽，建成内外畅达、安全便捷、绿色智能的综合运输体系。

中西部地区，交通联络线大量汇集于银川，综合交通枢纽的建设水平将直接决定这一节点的交通效率。为了更好地发展综合运输体系，2015 年银川火车站综合客运枢纽开工建设。这一枢纽集铁路、公交、出租车、轨道交通、社会车辆等多功能于一体，布局设计力求使旅客进出站的步行距离最短，人流、车流便于组织、分离，同时体现公共交通的区位优势。

厦门则是沿海地区发展综合客运枢纽的典型城市。在过去的几年里，厦门完善综合交通枢纽建设，建成 T4 航站楼，改扩建厦门站和厦门北站，开工建设翔安机场、海沧综合交通枢纽、前场大型货场。在 2016 年交通运输工作会议报告中，厦门提出要基本建成综合交通基础设施网络，在道路网、轨道交通网的基础上建设综合枢纽节点，加快城市交通中综合运输大通道和枢纽节点布局建设，并不断优化综合交通基础设施网络结构。

从上述案例可以看出，复杂的构成决定了综合客运枢纽与传统客运场站在功能定位、建设模式、投资格局等方面的不同，也必须把城市交通综合运输发展与综合客运枢纽建设联系起来。总的来说，综合客运枢纽建设可以着重从以下几点出发：

一是确立政府主导的组织体制。明确城市政府对规划、建设、运营管理的主导作用，负责综合交通枢纽的统一规划和前期研究。加强政府对公益性功能设施的支持。

二是成立公司化的实体运作组织。把握“各方投资，联合建设，共同使用，一体化运营”的原则，部分枢纽建设可以按照市场规则形成投资人主体，而对于具有公益性、难以商业化运作的枢纽场站则可由政府、行业主管部门分别投入一定资金，作为吸纳民间资本的有效媒介。通过这些方法，实现建设、运营主体法人化，使项目决策、建设与生产、经营环节相统一，并在一定程度上保证经济效益。

三是提高场站服务水平，加强运营衔接。提高客运枢纽站的集中度和综合性，建立能力匹配、衔接顺畅的集疏运系统，加强信息、运营管理的衔接与配合，强调立体化、人性化设计，提高“零距离换乘”和“无缝衔接”的水平。

2.3.3 综合信息服务创新

综合运输信息服务追求的是跨方式、跨区域、跨部门的信息共享，可以实现各种类型信息资源的采集汇集、共享交换和挖掘分析，从而为综合运输提供整合信息资源、优化运输资源、布局运输枢纽网络、疏散客货流量等帮助。

2.3.3.1 综合信息服务创新的意义

信息服务是构建综合运输体系的前提，作为体系的纽带引领体系发展。正所谓“没有信息化就不能形成真正意义上的综合运输体系”。而综合运输也依靠信息服务提高系统服务水平和能力，促进运输方式之间的信息交互、资源共享、相互协同和有效衔接，协助提升综合运输装备、组织和管理现代化水平。

2015 年 5 月，交通运输部党组成员兼运输服务司司长刘小明在运输服务信息化工作现场会上的讲话提到，信息技术的有效应用已经成为破解经济社会发展难题、提升公共服务和社会治理能力的重要手段。通过加强信息化顶层设计，强化标准规范引领，统筹推进业务协同，加快形成运输服务“一张网”、公众出行“一卡通”、货物运输“一单制”、客运服务“一票制”、信息服务“一站式”、服务监督“一号通”的综合运输服务信息化体系，以信息化引领运输服务转型升级、提质增效。

2015 年，交通运输部发文要求地方切实做好道路客运联网售票有关工作，完成 27 省客运联网售票。按照文件要求，2015 年年底前，首批 27 个省份的省域道路客运联网售票系统主体工程建设，包括数据交换管理系统、业务管理系统、售票服务系统、清分结算系统、客运信息监测系统等完成。剩余省份会在 2016 年年底前完成省级系统建设，同期也会完成全国道路客运联网售票系统建设工作。以上种种举措，表明了国家力推综合运输信息服务体系建设的决心。

2.3.3.2 综合信息服务的发展实践

目前，城市交通中综合运输信息服务体系建设的问题主要有两个：一是信息化建设参差不齐，如部分城市的公共交通信息化设备和平台建设还不够完善，缺乏信息源。二是不同交通方式、不同城市之间的信息服务体系衔接不足，如信息化建设由运输部门各自单独实施，缺乏统一规划指导和建设标准，各类信息资源相对独立分散。其中，第二点是目前众多城市综合运输信息服务发展的瓶颈。

为构建更为完整顺畅的综合运输体系，以信息化推动综合运输发展，2015 年包括昆明、南京、重庆在内的许多城市在综合信息服务创新方面进行了有益探索。

2015 年，云南省交通运输厅推出的“七彩云南・智慧出行系统”，并在昆明率先启动并投入使用。智慧出行系统整合了驾培机构、客运站、综检站、维修企业等 8 类静态数据，以及联网售票、“两客一危”车辆 GPS 定位数据等 4 类动态数据，为社会公众提供综合信息出行服务；建立了全省交通运输综合信息发布机制，涵盖公路、铁路、民航、水运、交警、路况、气象多个领域。

2015 年 8 月，“我的南京”手机 APP 在南京市正式上线。该 APP 不仅可以查询到城区所有运行公交车的实时状态，而且还能查看反映公交车舒适度的乘坐指数趋势，为出行选择提供参考。此外，乘客上车后还可以通过软件对公交车的服务进行评价。下一步，该手机应用还将进一步扩大实时公交的查询范围，并计划推出综合换乘功能，整合地铁、公交、公共自行车、实时路况等相关数据，为市民公共交通出行规划合理方案，提供更为便利的综合交通信息服务。

2015 年 5 月，重庆市推出综合出行服务手机客户端，提供公交、轨道、出租、长途客运及铁路、民航等综合交通信息查询和出行路线规划，打造基于移动互联网的“掌上综合交通枢纽”。

广州市在 2012 年就大面积推广了“行讯通”手机软件。在广州市交通委员会的指导下，这款提供交通信息服务的手机终端软件，汇集了路况信息、实时公交、停车服务、的士查询、出行规划、地铁信息、航空信息、铁路信息、客运信息、驾培信息、交通信息、Wi-Fi 热点等多个功能模块，方便出行者及时掌握交通信息。2015 年，“行讯通”更是在微信端推出了候车和到站提醒功能，进一步丰富了功能。

此外，其他中心城市也或多或少地结合综合运输“十三五”的目标，针对自身的突出问题，推进自身的综合运输信息服务工作。总的来说，推进工作主要包括以下几个方面：

一是从点着手，做好综合枢纽和交通子系统的信息化。在综合枢纽和各个交通子系统的信息化建设中，逐层建设信息网络基础设施和软件支撑系统、综合信息平台、各类应用系统和保障体系。

二是从线着手，做好交通链、联程联运的信息化。这包括建设综合客运枢纽协同管理与信息服务系统、集装箱多式联运信息平台、公众出行信息服务平台，规范交通链的信息资源管理等。

三是从面着手，做好区域综合运输的信息化，从顶层设计建设综合运输信息服务体系。具体包括建设综合信息平台（综合交通专网、交通信息数据中心、区域物流公共信息服务平台），健全应用系统（行业管理和政务应用、公众信息服务、安全监管和应急指挥等应用系统），以及完善保障体系（信息化标准体系、信息安全保障体系）等。

2.3.4 地方实践

2.3.4.1 京津冀：共绘综合运输服务蓝图

推进京津冀协同发展，是党中央、国务院在新的历史条件下提出的重大决策部署和国家战略，对于打造中国经济新的增长极、促进区域经济社会长期持续健康发展具有重大现实意义和深远历史意义。在这样的背景下，2015 年京津冀作为典型城市群被交通运输部选为第一批“综合运输服务示范城市”，拟在客运枢纽、货运场站、信息共享、运输组织、工作机制和标准规范等 6 个方面进行一体化示范建设，促进交通一体化发展。

与世界先进国家城市群及我国珠三角、长三角地区相比，京津冀的综合运输服务能力和水平仍有改进提升空间，主要体现在综合衔接、运输配置和服务品质三大内涵上，即：多种运输方式间的衔接配合不够精准、精细；运输资源配置亟待进一步优化，供需仍不平衡；运输全过程不能完全以人为本，服务体验还有不够友好的环节。

为了在综合运输的三大内涵上有所提升，京津冀区域形成了综合的管理思维。体制上，需要各运输方式主管部门的统筹协调，理顺和完善综合运输工作协调机制，融合现行管理体制。从源头上要突出规划的对接，既要加强多种运输方式的规划对接，又要强化专业发展规划与地方规划的对接；从后续运营上要突出服务的衔接，以提升运输服务效率为协调推进工作的切入点；从管理上始终要有“综合”的思维，不能本位主义，要充分考虑各种运输方式各自的比较优势，形成“齐步走”的态势。

具体来说，京津冀未来将重点建立两个机制：

一是综合运输多部门规划会商机制。在现行规划工作机制的基础上，建立并完善由交通主管部门牵头，规划、商务、民航、铁路、邮政等部门共同参与的综合运输多部门规划会商机制。对机场、火车站、公路客运枢纽、市内交通枢纽（场、站）及物流园区等基础设施的规划进行集中商议和分析研判，从规划源头改进、提升综合运输服务。

二是京津冀综合运输服务联席机制。在京津冀区域交通一体化领导小组工作规程基础上，强化综合运输服务协调职能，整合交通运输部政策协调组、民航局民航运输协同发展工作组及铁路、邮政等相关部门，形成京津冀综合运输服务联席机制，对接工作需求，开展综合运输服务示范区战略及政策研究，协调推进综合运输服务体系建设。

在理顺体制机制的基础上，北京会同天津、河北交通主管部门制定了《京津冀综合运输服务示范区建设实施方案》和三地的分方案，绘制了区域综合运输服务发展蓝图，提出了改进、提升综合运输服务的主要策略：未来 3~5 年甚至到 2022 年，京津冀将以“现代化、一体化、国际化”为建设理念，同时坚持“客货运输兼顾，软硬建设并进”的原则，认真遴选示范建设项目，全力打造全国性综合运输服务示范区。

在示范建设项目的选择上，体现了“客货运输兼顾、软硬建设并进”的原则。一方面，客运服务和货运服务地位同等重要。在疏解非首都功能的大背景下，客货运输资源配置均需科学引导，区域运输服务格局需进一步优化。另一方面，推进示范区建设，不仅要有设施建设的“硬”项目，而且还应该有机制、标准、信息化、运输组织等方面的“软”服务。

2.3.4.2　深圳：打造综合运输服务的“深圳质量、深圳标准”

深圳在国际贸易和人员交往中地位突出，拥有国际型深水港区、大型国际机场、最大陆路口岸，重要高速公路、国家铁路和客运专线在此交汇，是国家综合运输网中内地与港澳、东南亚等地人员、商品、物资交往的枢纽，客货运输量指标位列全国前茅，已具综合运输枢纽城市特点。2015 年，深圳发挥改革创新优势，成功申报成为交通运输部首批选取的综合运输服务示范城市之一，力图打造综合运输服务的“深圳质量、深圳标准”。

就自身条件来看，深圳已具备“七大优势”：一是市委市政府高度重视综合运输发展，并给予政策支持；二是按照高度集约化的客运枢纽建设模式，着力构建多种方式高效衔接的综合交通枢纽；三是鼓励物流园区和货运枢纽建设；四是以综合交通运行指挥中心为载体，打造智能公交、智能设施、智能物流、智能政务，实现综合运输服务信息共享；五是以发展多式联运为重要抓手，创新开发了综合运输服务产品；六是推进区域交通运输一体化，从都市圈层面统筹深圳、东莞、惠州三市交通运输发展策略与行动；七是建立了大部制交通管理体制。

但是，当前深圳综合运输发展仍然存在三大问题：客运枢纽衔接一体化有待加强，物流产业低端化，以及数据互联互通仍然存在壁垒。

为有效落实建设综合运输示范市的总体目标，深圳具体从客运枢纽、现代物流、信息共享、运输组织、工作机制和标准规范等六方面制定了未来3~5年的发展蓝图。

（1）综合客运枢纽。建设多个综合交通枢纽，推动对外客运交通与城市公共交通的衔接换乘。改善原有枢纽站周边交通接驳环境，增强综合客运枢纽集疏运能力。加快城市轨道交通规划建设，加密关键地区和走廊的轨道覆盖。推进与轨道交通站点配套停放设施建设，建成多处轨道交通“零换乘”接驳场站。推进全市交通枢纽场站的综合开发。

（2）现代物流枢纽。通过“互联网＋物流”、进口拆箱、出口拼箱、多国集拼、园区甩挂运输等方式提供综合物流服务。提供集外贸交易所需的各环节于一体的运输、仓储、配送、流通加工、通关等各物流环节服务。通过多式联运公共信息平台，实现高效及时的物流信息化服务。打造全球生鲜食品从农场到市场的高效跨境冷链流通运营模式。

（3）运输服务信息共享。建立城市道路运行感知网络。采集各行业运行数据，融合气象、交警、城管等相关部门数据，建立运输行业运行监测体系。建立综合交通数据共享机制，研究交通运输大数据的公开共享和安全交换机制，打造综合交通数据中心。完善手机应用、公众出行服务网站功能，逐步建成三级道路交通诱导系统。试点建设综合控制及协同应急管理与信息服务系统工程。

（4）综合运输组织模式。创新高速铁路捷运服务模式，如政府出资向广铁集团购买增开专列服务等。提升城际客运服务水平。推进客货分离，将过境、疏港货运交通向高快速路引导。集约整合各种运输和场站资源的跨境甩挂运输模式。支持建设新能源车共同配送中心，探索设立共同配送专用装卸区。开展城市配送体系规划研究，从生活必需品的配送体系构建入手，制定城市配送实施方案。

（5）综合运输服务工作机制。建立健全轨道交通与常规公交的运营接驳协同机制。密切与铁路、民航、邮政等部门的配合，建立健全大部门体制框架下的多种协作机制，提升应急协调联动能力，推进交通应急智能化建设。推进空港发展及地面交通管理机制创新，形成民航空港与机场地面交通运输集中统一的管理体制。

（6）综合运输服务标准。建立道路客运行业“双考核”工作机制。成立运营、监管、督查、巡查四个层级监督管理机构，形成闭环安全监督管理模式。制定城市配送服务标准，鼓励研发共同配送、集中配送、智慧配送服务标准及产品。推动深圳配送示范城市建设工作，全市城市配送车辆实行“四统一”，即统一车辆标识、统一安装 GPS、统一呼叫中心、统一收费标准。

2.4 公交都市创新与实践

创建公交都市是中心城市发展城市交通的重要一环。据统计，36 个中心城市中有 33 个为公交都市创建示范城市。创建公交都市可以完善公交布局，缓解交通拥堵，进一步发挥中心城市的区位优势，推动经济区域一体化发展，为中心城市构建现代化的综合交通体系提供强有力的支撑，促进中心城市的交通可持续发展。

2.4.1 公交都市创建概况

2.4.1.1 公交都市创建的背景

2012 年，国务院印发《国务院关于城市优先发展公共交通的指导意见》（国发〔2012〕64 号），提出："公交都市"的内涵在于应用现代化的交通管理手段。它强调的是通过科学的手段规划城市交通系统，突破了我国以往公共交通被迫适应城市发展的状况，实现以公共交通为导向的城市发展模式，是一种创新的发展模式，是我国应对机动车高速增长带来的交通和环境资源紧张的情况下采取的一种积极的举措。推进公交都市建设已成为城市交通的发展方向。

公交都市创建示范工程是贯彻落实《国务院关于城市优先发展公共交通的指导意见》和《交通运输部关于贯彻落实〈国务院关于城市优先发展公共交通的指导意见〉的实施意见》（交运发〔2013〕368 号）（以下简称《实施意见》）的重要举措。通过建设国家公交都市示范城市，既能有效促进社会经济发展，又使城市和交通和谐发展。同时，在创建城市广泛积累"公交都市"建设经验，在全国推广"公交优先"理念，有利于城市的可持续发展。

从 2012 年起，我国分两批共在 37 个城市开展公交都市建设项目。表 2–8 为公交都市建设示范工程的第一批和第二批城市。

公交都市建设示范工程创建城市 表 2–8

批次	第一批（2012 年公布）		第二批（2013 年公布）		
城市	北京	南京	天津	保定	株洲
	深圳	济南	沈阳	呼和浩特	柳州
	重庆	太原	长春	合肥	海口
	哈尔滨	大连	上海	福州	兰州

续上表

批次	第一批（2012 年公布）		第二批（2013 年公布）		
城市	郑州	武汉	苏州	南昌	银川
	长沙	昆明	杭州	青岛	贵阳
	西安	乌鲁木齐	宁波	新乡	西宁
	—	—	海口	广州	—

2.4.1.2　公交都市创建的目标

根据《实施意见》，我国公交都市创建的目标是：到 2020 年，基本确立城市公共交通在城市交通中的主体地位，安全可靠、经济适用、便捷高效的公共交通服务系统基本形成，对城市发展的引领作用显著增强，可以较好地满足公众基本出行需求。大城市要基本实现中心城区公共交通站点 500 米覆盖，公共交通占机动化出行比例要达到 60% 左右，5 分钟换乘。

2015 年 12 月 20 日，交通运输部在宁夏回族自治区银川市召开公交都市创建中期推进会。交通运输部党组成员兼运输服务司司长刘小明表示，“十三五”期间，交通运输部还将分两批开展 50 个国家公交都市的创建工作。对列入公交都市创建示范工程的城市，交通运输部将对综合客运枢纽等重大交通基础设施建设、智能交通运输系统建设、城市公共交通节能减排等给予必要的资金支持。

2.4.1.3　国外典型城市公交都市创建经验

发达国家城市化起步较早，在城市发展的特定时期也遇到过与我国城市发展类似的问题，交通发展大多经历了“私人汽车膨胀—道路拥挤阻塞—重视发展公共交通”的过程。公共交通系统能最大限度地提高道路交通使用率，公共交通优先发展成为许多国家解决交通拥堵普遍适用的方法。

国外公交都市的发展主要经历了以下几个阶段：

（1）构建高密度、高覆盖的公交线网。20 世纪 60 年代到 90 年代，发达国家构建包括地面公共汽电车、轨道交通、出租车及自行车一体化发达的公共交通系统，以便支撑在高峰时段高密度的客流量。

（2）政府补贴、制定法律法规保障公共交通发展。20 世纪 90 年代到 21 世纪初，发达国家在建立了发达的公共交通系统之后，为了提高公共交通的运行效率和服务水平，从国家到地方制订了大量的法律法规，以保障公共交通的优先发展。

（3）公共交通智能化，倡导绿色出行理念。21 世纪初至今，由于大型城市的城市结构定型，大规模的城市改造非常困难，通过公共交通智能化提高公共交通的服务效率至关重要。公共交通智能化是利用现代化的设备和信息技术大幅度的提高公共交通服务水平。

巴西的库里蒂巴和日本的东京是国际一流公交都市的典型代表。库里蒂巴是第一个创建城市快速公交系统的城市。东京是将各种公共交通方式合理地衔接在一起。

库里蒂巴是巴西第三大城市，巴西小汽车拥有率和公交使用率最高的城市。库里蒂巴大约 75% 的城市通勤出行使用公共汽车。库里蒂巴公共交通系统有 340 条线路、26 个终点站，拥有 60 公里公交专用道及快速公交系统（BRT），日均客运量 190 万人次。库里蒂巴的城市结构特点为典型的单一中心集中布局，核心区为轴向带形发展趋势。

库里蒂巴在城市规划上优先发展公共交通系统，规定了土地的利用必须优先考虑公共交通。当地政府还采用政企分离整合公共交通运营与管理。同时，通过采取财政支持政策、发展自行车和步行区、完善乘车优惠和交通补贴政策等综合措施积极推进“公交优先”。

东京是日本的经济、文化、政治中心，也是国际金融中心之一，具有日本最大的交通枢纽。东京公共交通系统由城郊铁路、地铁、独轨铁路、公共汽车、有轨电车和出租车等组成。重要特点是大容量、高速的轨道交通，拥有世界上客流最大的铁路线网。

在东京，日均有 400 万人在市区和郊区之间流动，每天客运总量达到 3500 万人次，其中 60% 由市郊铁路承担。市内交通运量构成中，城市快速有轨电车占最大比重，达 49%，世界罕见；其次为地铁和轻轨交通，占总量 30%；公交车占 7.6%。公共交通占总出行量 86.6%。

日本政府通过各种政策对公共交通进行扶持，既保证私营铁路的公益性，又确保企业的利益；鼓励多元经营，通过铁路沿线的综合开发增加经济收益。东京通过各种各样的汽车税和世界级公共交通服务，一“推”一“拉”，有效控制了城市中心区域的小汽车数量。

2.4.2 公交都市的特征与主要内容

公交都市是为应对小汽车高速增长和交通拥堵所采取的一项城市交通战略，

已成为全球大都市的发展方向。一个典型的公交都市应具备以下主要特征：

（1）较高的城市公共交通分担率。我国城市目前公共交通分担率比较低，大多在 20% 左右，远远低于发达国家（其分担率一般在 40%~60%）。创建公交都市是提升公共交通分担率的一个积极措施，可提高群众对公共交通的信赖度和依赖度。

（2）多元的城市公共交通服务网络。单一的公共交通方式很难满足中心城市在高峰时段的需求。根据城市的实际情况建设以公共汽车为主体的地面交通系统，同时改善步行、自行车出行条件，以出租车为补充，慢行交通为延伸，有序推进轨道交通系统建设。

(3) 以人为本的公共交通服务理念。公交都市的建设就是要积极提高公共交通的运行能力和服务质量，保障人民出行的权利，满足个性化的需求。转变过去“就公交论公交”的状态，积极把以人为本的理念融入公共交通的发展和服务中。

（4）现代化的城市公共交通管理系统。信息技术在城市公共交通运营管理的作用毋庸置疑。通过公众出行信息服务系统、车辆运营调度管理系统、安全监控系统和应急处置系统等的建设，全面打造城市公共交通管理体系。同时，加强与其他交通方式和城市道路交通管理系统的信息和资源整合，提高服务效率。

在国家和各省市的交通主管部门政策和资金的支持下，公交都市创建城市逐渐形成以“轨道交通和快速公交为骨干、常规公交为主体、出租车为补充、慢行交通为延伸”的一体化都市公交体系，实现交通与城市、经济和谐发展。总结近年来国内各公交都市示范城市的创新与实践工作，不难发现公交都市示范工程主要从以下几个主要方面展开（如图 2-9 所示）。

图 2-9　公交都市建设的主要内容

（1）完善体制和机制工作，建立由市政府领导牵头、相关部门参与的组织协调机制。2015 年，长春市成立创建公交都市示范城市领导小组，由市长任组长，相关副市长任副组长，市直属各个相关部门和各县政府主要负责人为成员，对公交都市创建工作进行高位统筹、指导监督，推动各项工作的落实。同时，建立部门协调工作机制，定时召开会议，对各个责任单位汇报的问题积极研究相应对策。出台《长春市优先发展城市公共交通实施意见》，明确财政、规划、用地等方面对公共交通的保障措施，完善城市公共交通标准体系。2015 年，长春市公共交通出行分担率达到 48%，公共汽电车线路网比率达到 80%，中心城区公交站点 500 米覆盖率达到 87%，城乡客运线路公交化运营比率达到 55%。

（2）城市公共交通基础设施建设进入快速路。各创建城市和相关省份不断完善公共交通投资政策，拓宽融资渠道，加快公共交通基础设施建设步伐，公共交通服务能力显著增强。2015 年，乌鲁木齐市优化整合 15 条线路，完善公交网络。乌鲁木齐市鲤鱼山路公交停车场至米东区石化，运营里程全长 20.6 公里。大容量 BRT 快速公交线路数增至 6 条，6 号线与 7 号线、3 号线接驳，加快了城区东西南北线网辐射延伸及百条常规公交车辆的换乘，还在科学布局与线路便民服务的协调统一上有所作为。乌鲁木齐市八道湾公交车场、红雁池公交第六停车场即将全面投入使用，还将在骑马山、观园路、三宫村等路段续建公交枢纽站点及车场。

（3）加快智能公交建设，进一步提高公共交通的服务水平。2015 年，为做好国庆长假期间客流高峰应对，进一步提升假日运输服务水平，杭州交通部门依托杭州市综合交通信息指挥中心，提前部署，开发上线“国庆专题”模块，通过增加公交班次对客流高峰聚集地进行疏导。交通部门增加西湖景区、交通枢纽等重点区域 10% 的运能，加强综合交通运输管理，促进各种运输方式有机衔接。

（4）推进绿色公交建设，积极治理城市环境污染。积极鼓励新能源公共交通车辆使用，对清洁能源和新能源出租车和公共交通汽电车加大扶持力度。截至 2015 年 12 月末，合肥公交集团拥有运营线路 170 条，各类运营车辆 4271 辆，运营线路长度 2594.8 公里，线网长度 1009.1 公里。与 2014 年相比，线路长度增加 264.8 公里，线网长度增加 69.1 公里。据统计，合肥公交集团 2015 年全年合计推广新能源公交车辆 480 辆，全年建设充电站 22 个，能满足 600 辆纯电动公交车充电需求，极大地满足了公交优先理念的贯彻实施。

（5）增强城市公共交通服务能力。根据居民出行需求特点，扩大公共交通服务范围，积极调整和优化城市公共交通线网结构，提高线网密度和站点覆盖率，方便乘客出行。

（6）建立城市公共交通财政可持续发展。综合考虑社会承受能力、企业运营成本和交通供给状况，完善价格形成机制，合理界定补贴补偿范围，承担政府指令性的政策亏损，进行技术改造、节能减排、经营冷僻线路等。

2.4.3　2015 年公交都市创建成果分析

截至 2015 年年底，37 个公交都市创建城市共有公共汽电车运营车辆 35 万标台，占全国总量的 55%；开通城市轨道交通线路 92 条、运营里程 2793 公里，分别占全国总量的 97% 和 96%；公交专用道长度达到 5179.9 公里，占全国总量的 51%；快速公交（BRT）运营里程达到 1500 公里，占全国总量的 54%；公交车平均进场率 74%，比全国平均水平高约 11 个百分点。

第一批公交都市创建城市顺利完成中期任务，形成了一批可复制、可推广的典型案例，城市公共交通面貌发生显著变化。公共交通的发展与城市发展是相伴而生、相辅相成的，城市的发展需要高水平的公共交通，公共交通的发展促进了城市的发展。

2.4.3.1　基础数据

2015 年，我国公交都市建设示范工程取得了一系列成果，中心城市地面公交进一步完善，网络覆盖面积不断增长，轨道交通逐步成网，服务能力显著增长。表 2–9 为 2015 年中心城市公共汽电车和轨道交通的运营线路、里程和运营车辆数。从表中可以看出中心城市的地面交通服务能力稳定增长，开通轨道交通的城市进一步增加，公共交通车辆数也在稳定增加。随着轨道交通的成网及轨道交通和地面交通的换乘能力增强，中心城市的交通环境将会得到进一步的改善。

“公交都市创建示范工程”城市交通供给概况　　表 2–9

城市	公共汽电车运营线路长度（公里）	公共汽电车运营车辆数（标台）	城市轨道交通运营里程（公里）	城市轨道交通运营车辆（标台）	城市	公共汽电车运营线路长度（公里）	公共汽电车运营车辆数（标台）	城市轨道交通运营里程（公里）	城市轨道交通运营车辆（标台）
北京	20186	33699	553.7	12456	郑州	4378	8298	26.2	375
天津	15866	12738	147.0	1529	武汉	8144	9793	125.4	1940
上海	24027	20359	617.5	9493	沈阳	4280	7275	54.0	750
广州	19397	16179	274.0	4721	长春	4463	5693	64.2	230
重庆	13342	12875	202.0	1882	哈尔滨	5086	8755	17.2	165
深圳	20561	17943	177.0	3210	南京	9285	9974	231.8	2746
太原	3174	3251	—	—	杭州	12033	10022	81.5	1170
济南	4417	6700	—	—	合肥	2828	6035	—	—

续上表

城市	公共汽电车运营线路长度（公里）	公共汽电车运营车辆数（标台）	城市轨道交通运营里程（公里）	城市轨道交通运营车辆（标台）	城市	公共汽电车运营线路长度（公里）	公共汽电车运营车辆数（标台）	城市轨道交通运营里程（公里）	城市轨道交通运营车辆（标台）
成都	7962	13631	86.0	1830	青岛	8302	8726	11.0	120
拉萨	667	627	—	—	厦门	6416	5868	—	—
乌鲁木齐	3071	6119	—	—	石家庄	3802	5724	—	—
宁波	9240	5820	49.2	690	福州	4228	5142	—	—
贵阳	3819	3672	—	—	南昌	4413	4049	28.8	345
呼和浩特	2002	2537	—	—	海口	2265	2056	—	—
长沙	3559	7877	26.6	405	兰州	1747	3050	—	—
南宁	3200	4065	—	—	西宁	1203	2181	—	—
昆明	13007	7302	59.3	240	银川	1979	2398	—	—
西安	6209	9053	50.9	810	新乡	—	—	—	—
大连	4282	6582	166.9	1230					

2015 年我国公交都市示范城市的公共汽电车客运量如图 2–10 所示。2015 年，全国的公共汽电车总客运量为 3938532，比 2014 降低了 4%。其中，北京市位居全国第一，40.6 亿人次；其次为上海，25.4 亿人次；最少的为拉萨市，0.86 亿人次。与 2014 年相比，大多数城市公共汽电车的客运量有所下降，比较明显的是北京、上海、广州等城市。主要原因是，随着中心城市轨道交通的逐步成网和公共自行车、出租车等交通模式的不断成熟，以及包括网络约租车等交通方式的迅速崛起，人们交通出行选择更多。同时，各种交通方式有效衔接，也使公共交通的效率不断提高。

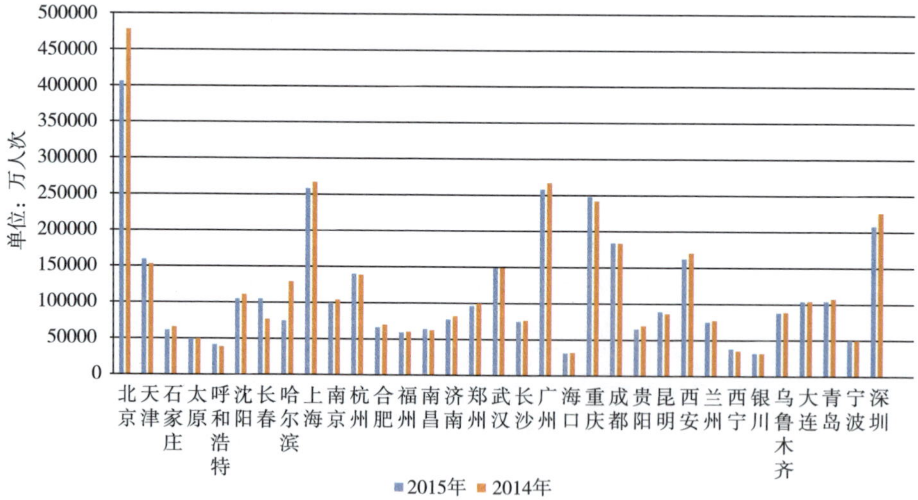

图 2–10　2015 年公交都市城市公共汽电车客运量

2015 年我国公交都市示范城市轨道交通客运量如图 2-11 所示。2015 年，公交都市示范城市轨道交通客运量为 1378893 万人次，前三名为北京、上海和广州，客运量分别为 33.2 亿人次、30.6 亿人次和 24.0 亿人次。

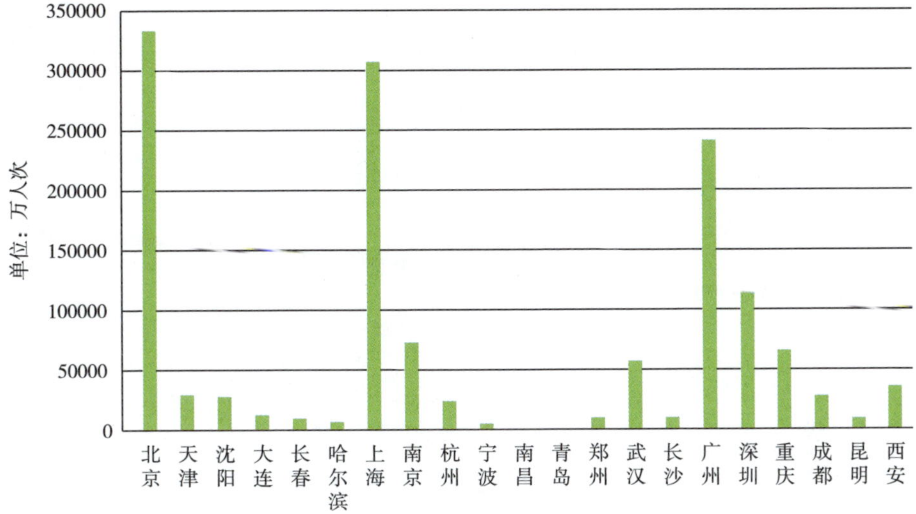

图 2-11　2015 年公交都市示范城市轨道交通客运量

2015 年，公交都市示范城市公交专用道建设力度进一步加大。建设里程最高的是北京市，为 740.7 公里。公交专用道在早晚高峰时段对公交车的提速明显，保证了公共交通的准点率，进一步提高公共交通的吸引力。从表 2-10 中可以看出我国公交专用道的建设主要集中在北上广和一些省会城市。由于大型城市的交通拥堵问题非常严重，越来越制约城市的发展，在早晚高峰时段地面公共交通系统往往要承受巨大的负荷，发展公交专用道和 BRT 可以进一步提高地面公共交通系统的服务效率。

2015 年公交专用道和 BRT 发展概况　　表 2-10

单位：公里

城市	BRT 运营长度	公交专用道长度	城市	BRT 运营长度	公交专用道长度
北京	81	740.7	沈阳	—	197.0
天津	—	65.0	大连	14	259.6
石家庄	—	14.0	长春	—	141.2
太原	—	128.6	哈尔滨	—	65.8
呼和浩特	—	70.0	上海	—	312.4

续上表

城市	BRT 运营长度	公交专用道长度	城市	BRT 运营长度	公交专用道长度
南京	—	136.5	深圳	—	463.4
杭州	128	153.5	南宁	—	32.0
宁波	—	102.0	海口	—	25.0
合肥	109	41.9	重庆	—	14.4
福州	—	78.5	成都	59	431.8
厦门	130	53.2	贵阳	—	13.4
南昌	—	17.3	昆明	—	85.0
济南	94	179.1	拉萨	—	—
青岛	—	134.0	西安	—	238.8
郑州	82	82.0	兰州	9	8.9
武汉	—	155.0	西宁	—	—
长沙	—	129.6	银川	21	74.3
广州	765	457.6	乌鲁木齐	102	101.7

2.4.3.2 指标分析

公交都市科学合理的考核评价指标体系对建设工作具有重要的指导作用。交通运输部共提出了 30 个指标，分为考核指标（约束性指标，共 20 个）和参考指标（参考依据，共 10 个）。各个创建城市可结合自身公共交通发展特点提出不超过 3 个特色指标。其中，考核指标主要有公共交通机动化出行分担率、公共汽电车线路网比率、公共交通站点 500 米覆盖率、万人公共交通车辆保有量、公共交通正点率等，参考指标主要有公共交通出行分担率、公共交通人均日出行次数、公共汽电车线路网密度等。公交都市考核评价指标体系重视基础设施，以人为本，面向乘客需求，以提高服务质量为目的。

如图 2–12 为 2015 年我国公交都市示范城市站点 500 米覆盖率。其中，最高的是重庆，为 1.32；其次为海口和沈阳，分别为 1.01 和 1.006；最低的是太原，为 0.28。图中显示出公交都市示范城市的站点 500 米覆盖率绝大部分都高于 0.9，说明了公交都市示范城市通过完善基础设施的建设，提高了公共交通的覆盖面积，从而进一步提高了公共交通的吸引力。

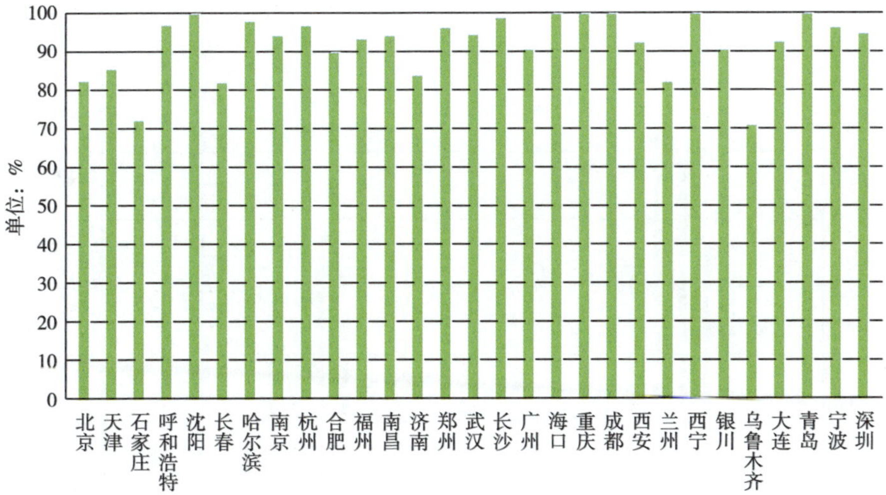

图 2–12　2015 年公交都市示范城市站点 500 米覆盖率

2015 年公交都市示范城市共有 238186 辆公共汽电车（折合为 296068 标台）。万人公共汽电车保有量排在前三位的是乌鲁木齐、深圳和北京，分别为 17.2 标台、15.7 标台和 15.5 标台。最低是重庆，万人公共汽电车保有量为 4.3 标台（见图 2–13）。

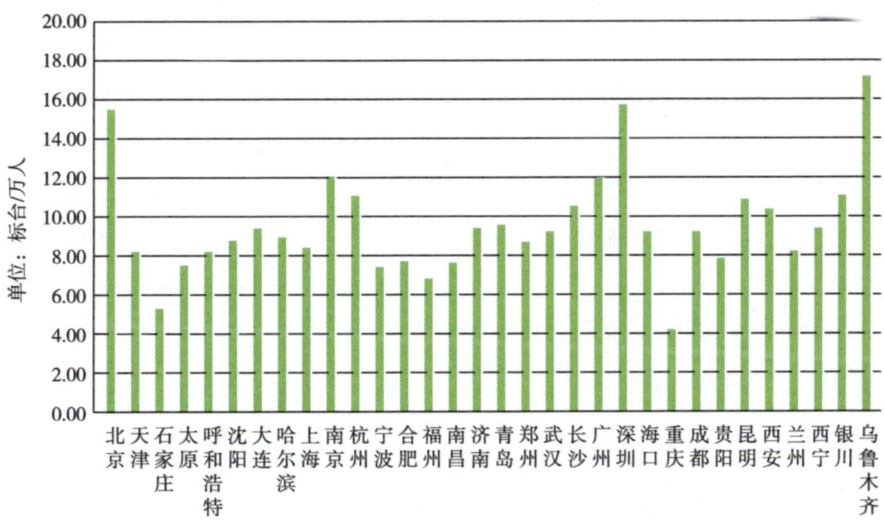

图 2–13　公交都市示范城市万人公共汽电车保有量

公交专用道是公交都市建设的一个重要措施，在早晚高峰时段对公共车辆的提速效果十分明显。图 2–14 为公交都市示范城市的公交专用道的设置率。其中，最高的是长春，为 6.1%；其次是兰州和沈阳，分别为 5.4% 和 4.6%。

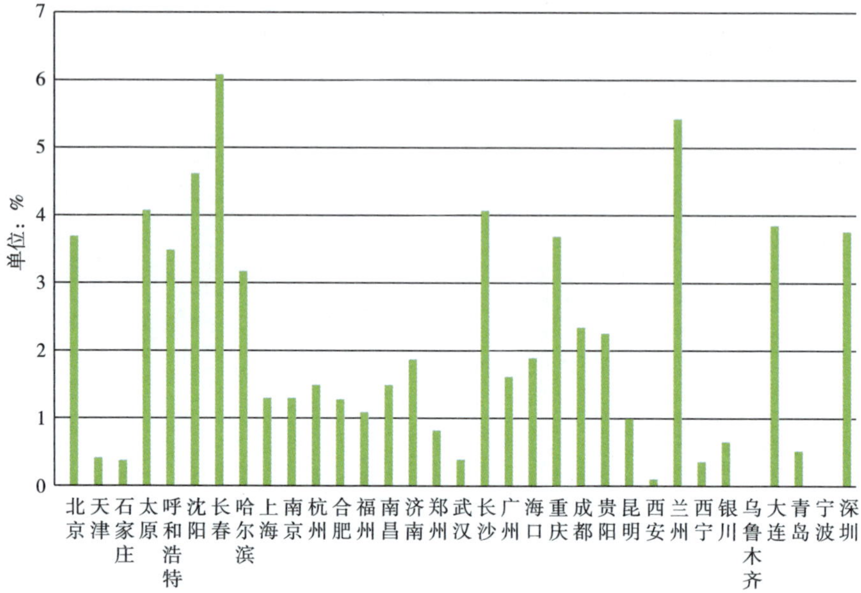

图 2-14　公交都市示范城市公交专用道设置率

2.4.4　公交都市发展特色

公交专用道、快速公交系统（BRT）和定制公交是我国公交都市建设示范工程的 3 个主要内容。公交专用道可增加公共交通的吸引力，保障公共交通优先。快速公交系统（BRT）可以解决走廊内公交车的拥挤和延误、交通枢纽接驳等问题，具有快速、投资低和建设周期短等优势。定制公交则是"互联网 + 交通"的新形势下公共交通的一种创新，"一人一座，一站直达"的特点满足了不同人群个性化的需求，进一步增加了公共交通的吸引力。

2.4.4.1　公交专用道

公交专用道，指的是在城市特定路段上，通过标志、标线等划出一条或几条车道专供公交车使用，特定时间或全时段限制社会车辆驶入，而公交车仍享有在其他车道行驶的权力。目前国内已有几十个大城市建设了公交专用道（如北京、上海、深圳、厦门、南京等），并取得良好的效果。公交专用道可以有效疏导交通压力，引导市民选择公交出行，达到公交优先的目的，保证公交车辆在高峰时段相对社会车辆有较高的平均行驶速度，增加公交的吸引力。

公交专用道设计的理念应包括以下几个方面：

（1）以人为本的理念。通行权以人为本，结合专用道设计与组织优化体现和谐、平等，交通的安全、有序和畅通高效，以及城市和交通的协同发展。

（2）公交优先的理念。改变以往城市公交系统被迫适应城市发展的模式，优先发展公共交通系统，有效地解决城市交通拥堵问题，树立促进城市发展以公共交通为引导的理念。

（3）资源整合的理念。充分挖掘现有道路资源的潜力，对道路空间资源依据需求与公平性进行合理分配，并结合适当的道路设施改造实现道路资源的高效利用，最大限度地发挥道路使用效能。

（4）用地协调的理念。协调专用道设置，交通组织与沿线用地开发的关系，实现交通与用地的良性互动。同时，加强现有公共交通设施用地监管。

（5）环境和谐的理念。构建人性化、景观优美的环境空间。按照资源节约和环境保护的要求，以节能减排为重点，大力发展低碳、高效、大容量的城市公共交通系统。

1997 年 6 月 25 日，北京市在长安街开通了国内第一条公交专用道，从复兴门到建国门，全长 6.5 公里，使得公交汽车的平均车速从 16 公里 / 小时提高到 20~23.5 公里 / 小时，正点率提高了 43.6%，单程运营时间平均减少 8 分钟。2015 年，北京新增 9 条公交专用道（总长 10.8 公里），30 条公交专用道在晚高峰使用时间延长 1 个小时，同时对违法进入的车辆处以 200 元罚款。北京公交专用道里程达到 740 公里以上，居民出行乘坐公交出行速度有望提高 33%。

与北京的“大刀阔斧”不同，大连市公交专用道的建设之路并非一帆风顺，在最初受到了各界的质疑。早期，大连设置公交专用通道后，公交在拥堵高峰时段平均时速提高并不明显，但是社会车辆的行驶速度却受到了很大的影响。大连市交通局在总结经验的基础上不断地调整政策和工作的方向，通过增加港湾式公交车站数量、完善公交专用道、加强监控等方式，针对公交专用道在设置和管理上存在的一些不足（例如，公交专用道的位置不合理，在公交线路较少的路段设置公交专用道）进行了改进。随着公交专用道的成网及公交专用道管理制度的完善，大连市公交专用道开始在早晚高峰时段发挥巨大的作用，受到了市民和业界的肯定。2015 年，大连市又增加 15 条公交专用道，加上 2014 年开通了 27 条公交专用道和此前开通的，共有公交专用道 64 条（248 公里），基本覆盖了市内主干道路，高峰时段的交通压力明显缓解。

2.4.4.2 快速公交系统（BRT）

快速公交系统（Bus Rapid Transit，简称 BRT），是一种介于快速轨道交通（Rapid Rail Transit，简称 RRT）与常规公交（Normal Bus Transit, 简称 NBT）之间的新型公共客运系统，是一种中运量的交通方式。它是利用现代化公交技术配合智能交通和运营管理的新模式。BRT 是一种“两高三低”的公共交通模式，即高品质、高效率、低能耗、低污染、低成本。BRT 可以解决走廊内公交车的拥挤和延误等问题。对城市而言，BRT 有着极其重要的作用，是公交优先战略的积极实践。

20 世纪 70 年代，BRT 起源于巴西的库里蒂巴市，完善又高效，成本相对较低。库里蒂巴 BRT 系统的最大特点是利用地面常规公交解决城市交通问题，让人们从建设快速轨道交通高昂代价的困境中看到了一种更为经济的方式，在国际上享有崇高的声誉。随着技术的发展，BRT 系统在类型、容量和表现形式上出现了多样化，既适用于几十万人口的小城市，同时也适用于特大型城市，在全球范围内得到迅速推广。

截至 2015 年年底，我国已建成、在建及待建 BRT 的城市有 40 多个。我国 BRT 系统日均承担 400 万人次的出行任务，平均行驶速度达到了 23 公里 / 小时，相比普通公交时速提高 43.75%。公共汽车的服务水平逐渐下降，特别是公交的行驶速度低于 15 公里 / 小时，一些城市甚至不到 5 公里 / 小时。公交行驶速度慢、正点率低、舒适性差是公共交通中存在的主要问题，而快速公交系统则是目前比较好的解决方法。相比轨道交通，BRT 建设成本低、周期短。相比普通公共汽车，城市快速公交系统又具有快速、准时、舒适等优势。因此，BRT 在我国发展前景极为广阔。

厦门是我国较早进行 BRT 建设的城市，2008 年 9 月 1 日建设第一条正式的 BRT 线路。2015 年，厦门又新开通 5 条 BRT 线路。按照“一心两环、一主四辅”的城市空间布局，厦门建设了完整的 BRT 高架路网，以及组织片区与用地布局形态适宜的方格网或自由式路网。

尽管 BRT 在我国经过十年的快速发展，但仍有以下几个主要问题亟待解决：

（1）BRT 系统网络不完善，缺少与其他交通方式良好的衔接机制；

（2）大多数 BRT 系统规模偏小，线路较少，不能形成网络效应；

（3）BRT 系统在城市发展中定位模糊，导致规划与实际不符；

（4）BRT 在不同城市的功能定位不同，导致一些 BRT 系统没有得到高效利用；

（5）BRT 系统运营模式单一，缺乏灵活性；

（6）BRT 系统缺乏“干 + 支”的线路设计，使得走廊服务能力十分有限。

2.4.4.3　定制公交

定制公交，也称定制巴士、商务班车等，是公交企业或相关企业机构根据市民的需求和客流分布情况设计的专门的公交线路，强调“一人一座，一站直达”。定制公交旨在倡导“绿色出行”，是公交优先战略落地的重要尝试。

近年来，北京、深圳、成都、青岛等城市陆续推出定制公交。目前，国内的定制公交发展主要分为两种模式：一是由公交企业主导发展。如北京和青岛的公交企业根据各自城市结构的特点和客流分布制定路线，以满足个性化需求。二是由滴滴出行和嗒嗒巴士为代表的互联网企业主导发展。这类企业的特点是利用现代化的网络技术平台，根据客流分布满足城市居民个性化的需求。

2013 年 9 月 2 日，北京定制公交平台正式上线，包括通州果园至国贸、管庄远洋一方至国贸和回龙观流星花园三区至中关村等 3 条线路，成为北京首批定制商务班车线路。2015 年，北京公交集团定制公交已发展到每日 135 条线路，日均运送乘客达 5000 人次。北京的定制公交正在稳定增长，几乎每个月都有新的线路开通。

2013 年 8 月 15 日，青岛市交运集团率先开通了全国第一条定制公交线路，随后定制公交作为青岛的特色公交来推行。到 2015 年年底，青岛城区已经开通了各类型定制公交线路 300 余条，并计划今后开通城际间的长途定制线路。定制公交的定点、定车、定时、定价、定人的特色，不但减轻了交通的压力，实现了绿色出行，还降低了公共出行成本，满足了个性化需求。

2015 年，在新的“互联网 +”的背景下，滴滴巴士、嗒嗒巴士等企业在深圳市运营 1000 多条网络定制班车线路，形成互联网企业和交通运输企业携手开拓“互联网 + 巴士”市场的格局。定制公交在深圳出现后，受到了乘客的好评，但同时“互联网 + 巴士”的运营安全也受到了业界和学者的关注。

2015 年 7 月，广州市由多家公交企业共同打造的“如约巴士”推出，首批共 9 条线路，其最大特点是可以充分利用公共资源，行驶公交专用道，具备优先通行的优势。滴滴出行同时宣布投入 5 亿元发展“滴滴巴士”，计划将服务拓展到全国 30 个以上城市，在广州于当年秋季开通，为更多的用户提供便捷舒适的巴士服务。

定制公交作为国家公交优先战略发展的一个重要实践，在新型“互联网 +”的背景下发展迅猛，给人们的出行带来了便利。从北京、深圳、青岛和广州定制公交发展的过程中可以发现我国中心城市在定制公交发展的一些相同点和不同点（见表 2–11）。

两种定制公交模式的异同点 表 2–11

相同点	（1）起步晚，发展迅速 （2）乘车费用趋于同价 （3）车辆、线路选择较为灵活 （4）需求量仍然巨大
不同点	（1）不同城市线路数量及长度差异较大 （2）各城市的正点率差异较大 （3）互联网企业相关的法律法规不完善 （4）互联网企业能否使用公交专用道受到争议

目前，以嗒嗒巴士、滴滴巴士为代表的互联网主体企业，通过在线调查、乘客在线预定、在线购买的方式，将市民零散的出行需求高度匹配形成出行群，以点对点的方式提供定制出行服务。其运营方式与公交企业的定制公交有所不同。比如支付方式，嗒嗒巴士、嘀嘀巴士均采用预约即支付的形式，而公交企业的定制公交则上车确认后再线下支付。另外，北京定制公交每条路线都有 5 个以上站点，而民间大巴则不超过 3 个站点。嗒嗒巴士称，这是为了提高效率，因为公交对时间成本要求最高，站点少可以确保时间精确度。

虽然我国定制公交经过长期的建设得到了长足的发展，但建设中仍有不少问题需要解决：①线路分布不均匀。以北京为例，定制公交在北京东部商业区非常火爆，相比之下西部地区却冷清的多。②停车难。停车难是定制公交面临的主要问题之一。定制公交首站需要待客，不能做到普通公交即停即走。在市中心如果借用现有的公交车站，又会影响公交车进出站。③是否可以使用公交专用道成为争议，相关法律、法规仍不健全，导致在监管和运营方面受到制约。

2.4.5 地方实践——以哈尔滨为例

自 2012 年哈尔滨入选全国首批“公交都市”创建城市，短短数年间远郊的客运班线变成了通勤公交，冰冷的露天站台变成了温暖的候车暖室。一系列的公共交通改善不仅改变了城市面貌，也改变了居民的生活轨迹。哈尔滨市主要通过以下 3 个方面推动公交都市的建设，为市民出行带来更多便利。

1. 政策创新探索基础设施建设

哈尔滨主城区被 5 条铁路（哈长、滨绥、滨州、滨北、拉滨）、几十条铁路专用线和“一江、一河、三沟”（松花江，阿什河，马家沟、何家沟和信文沟）分割，断头路、卡脖路多，增加了城市基础设施，尤其是公共交通基础设施规划和建设的难度。

“公交都市”的创建为哈尔滨设定了一个目标。哈尔滨通过大规模的城市交通基础设施建设，公交体系加速发展，公交骨架网络布局不断优化，“过江难”、“行车难”等问题得到明显缓解。

从 2012 年“公交都市”工程创建以来，哈尔滨重点启动了“5 个 1”项目，即：启动 1 处公交优先走廊建设、1 处综合枢纽站建设、1 处公交枢纽站建设及 10 处公交首末站建设、1000 处公交凹进式停靠站建设。同时，市政府投资建设的民生尚都公交枢纽站，除具备首末站的基础服务设施外，还配套建设有公交地下车库，基本实现枢纽站内公交车辆入库停放。2015 年，哈尔滨市新建公交枢纽站 3 处、首末站 63 座；配建 CNG 加气站 7 座；新建凹进式港湾停靠站 324 处、停车库 8.8 万平方米，新建车库总面积超过了新中国成立以来的建设总和。哈尔滨公交紧跟“北跃、南拓、中兴、强县”的城市发展战略，进一步优化了线网布局，增加了线网密度。

2. 四暖工程提质公交都市

哈尔滨位于东北平原东北部，是我国纬度最高、平均气温最低的大城市之一。哈尔滨市冬季最低气温能达零下 30 摄氏度，冬夏温差相差五六十摄氏度。极端天气对车辆的技术标准要求高，一定程度上也会降低市民乘坐公交的积极性。由于公交场站缺乏，大部分公交车辆只能在路边“过夜”。冬夜过后，每辆车还要提前发动半小时左右才能达到合适的车温，车辆的损耗、能源的消耗巨大。

为此哈尔滨专门建设了公交地下车库，在保证集约利用土地的基础上，保证了车库冬季不至于有过低的温度。同时，建设暖心候车室，为广大乘客提供一个冬暖夏凉的候车地点，大幅度提升公交的吸引力。哈尔滨市还以两个项目为支撑，开展智能公交建设。一是交通运输部的智能公交示范工程，二是世界银行贷款支持的哈尔滨高寒城市智能公交系统建设项目。通过这两个智能化项目，着力构建整体智能公交系统，提高对公交运营组织的科技监管能力，有效提升公交服务质量。

3. 积极推广新能源公交

哈尔滨市每年安排 5000 万元资金用于购置节能环保车辆。为适应高寒城市的特点，哈尔滨对新购置车辆明确提出在车外环境温度零下 30 摄氏度时，保证车厢内平均温度不低于 12 摄氏度的技术要求，并配套建设了 7 座天然气公交车加气站。

2015 年，哈尔滨市公交车标台数较公交都市创建前翻了一番，新增、更新公交车购置费标准由每辆 12 万元提升至 50 万元，尾气排放由欧Ⅱ标准提升到欧Ⅴ标准，彻底解决了公交车刹车噪音、尾气超标和冬季采暖等问题。车辆更新后，公交发车更加密集，车辆行驶速度也得到了大幅度提升。2015 年国家统计局哈尔滨城市调查队的一项调查显示，哈市市民对公交服务满意度达到 90.1%，较公交都市创建工作前上升了 17 个百分点。

2.5　中心城市轨道交通发展

城市轨道交通是城市公共交通的主干线，运送旅客的大动脉，是城市的生命线。在城市交通发展中，大力发展城市轨道交通系统，形成以城市轨道交通为主动脉，其他公交系统为毛细血管的城市交通立体系统，是促进城市经济和社会可持续发展的关键和根本手段。轨道交通的发展对于城市的交通堵塞和拥挤有显著纾解作用。当前，我国城市轨道交通行业已经步入大规模、快速发展阶段，对城市的社会发展和经济运行产生了深远影响。截至 2015 年年末，国内已有 25 个城市开通城市轨道交通，运营线路总长达 3618 公里。其中，有 21 个城市中心开通城市轨道交通，分别为北京、上海、广州、天津、深圳、南京、重庆、长春、武汉、大连、沈阳、成都、西安、杭州、昆明、哈尔滨、郑州、长沙、宁波、青岛、南昌。

2.5.1　城市轨道交通概述

在中国国家标准《城市公共交通常用名词术语》中，城市轨道交通被定义为“通常以电能为动力，采取轮轨运输方式的快速大运量公共交通的总称”。

2.5.1.1　城市轨道交通定义特点

如今常见的城市轨道交通表现形式有城市地铁、轻轨、内燃动车组、城市轨道公交电车、磁悬浮列车、地方铁路及特种轨道交通。部分城市轨道交通与其他交通方式对比见表 2–12。

部分城市轨道交通方式与其他交通方式之间对比表　　表 2–12

类别	平均旅行速度（公里 / 小时）	单向最大高峰小时客流量（人次）	路权专有化程度	成本造价	实现门到门运输程度	可靠性
小汽车	15~40		低	低	高	低
公共汽车	12~20	2000~5000	中	中	较高	中
有轨电车	15~30	5000~15000	较高	较高	中	较高
地铁	30~40	30000~70000	高	高	低	高
轻轨	30~40	10000~30000	高	高	低	高

作为城市公共交通的骨干，城市轨道交通具有显著的技术优势和经济特点。这类交通方式具有运量大、速度快、节能、安全可靠、污染少、效率高、路权独

立等技术特点，以及投资大、周期长、经济效益多样化等经济特点，属绿色环保交通体系，符合可持续发展的原则，特别适合大中城市。

1. 运量大

现今的城市轨道交通由于先进科学技术的应用，列车行车密度和单列载客能力得到大幅度提高，行车速度高，列车编组辆数多，具有较大的运输能力。市郊铁道单向高峰每小时的运输能力最大可达 6 万 ~ 8 万人次；地铁达 3 万 ~ 6 万人次，甚至达 8 万人次；轻轨达 1 万 ~ 3 万人次；有轨电车达 1 万人次。城市轨道交通的运输能力远远超过公共汽车。

2. 路权独立、速度快

与常规公共交通相比，城市轨道交通由于运行在专用行车道上，路权专属，不受其他交通工具干扰，且采用先进的电动车组动力牵引方式，加上良好的行车自动控制系统，使得车辆有较高的运行速度，有较高的启、制动加速度。多数车站内采用高站台，列车停站时间短，上下车迅速方便，且换乘方便，可以使乘客较快地到达目的地，缩短出行时间。

3. 安全可靠

城市轨道交通线路一般采用全封闭或半封闭式的专用行车线路，不受地面交通干扰，同时，城市轨道交通采用先进的信号安全系统确保列车运行安全，受气候条件影响很小，因而是一种全天候的公共交通方式，安全性和准点性极高，是城市公共交通方式中可靠性最强的一种。

4. 投资大、周期长

由于城市轨道交通系统建设要求高、施工难度大、设备的技术标准也高，常常成为一个城市投资规模最大的基础设施建设项目。因此，一个城市若没有相当强的经济实力和财政基础是无法进行大规模轨道交通建设的。

城市轨道交通设施建设与一般商业、工业项目追求利润最大化不同，往往以社会的整体利益为重。这是因为城市公共交通本身具有公共性和公益性，是社会福利的一部分。为此，政府通常要对城市公共交通服务的价格和服务标准进行控制。

2.5.1.2 世界城市轨道交通发展

在过去的 150 年中，世界城市轨道交通经历了一个曲折的螺旋式上升的发展历程。在人民交通出版社出版的《城市轨道交通概论》一书中，对世界城市轨道交通的发展划分为以下几个阶段：

第一阶段是初步发展阶段（1863—1924 年），1863 年世界上第一条地铁在伦敦建成通车，列车采用蒸汽机车牵引，线路全长约 6.4 公里。这一阶段，欧美城市的地铁发展较快。第二阶段是停滞萎缩阶段（1925—1949 年），第二次世界大战的发生及欧美汽车工业的发展和普及，致使城市轨道交通发展停滞不前。第三阶段是再发展阶段（1950—1969 年），随着汽车数量激增，城市道路开始堵塞，同时汽车交通带来的空气污染、噪声、能耗、停车位等问题日益严重，城市轨道交通得到重新重视和再发展。第四阶段是高速发展阶段（1970 年至今），这一时期世界范围内城市化进程加快，人口向城市集聚，世界上很多国家都确立了优先发展城市轨道交通的方针。各种技术的发展也为城市轨道交通的发展奠定了良好的基础。

截至 2014 年年末，全球城市地铁运营里程数排名见表 2–13。

全球各大城市轨道交通运营里程排名　　表 2–13

排名	城市	运营里程（公里）	排名	城市	运营里程（公里）
1	上海	567	17	巴伦西亚	175
2	北京	527	18	柏林	173
3	伦敦	402	19	华盛顿	171
4	墨尔本	372	20	芝加哥	170.6
5	纽约	369	21	旧金山	167
6	东京	326	22	德里	161
7	首尔	314	23	大阪	153
8	莫斯科	312.9	24	天津	136
9	马德里	284	25	釜山	131.7
10	广州	260.5	26	新加坡	129.7
11	南京	225.4	27	台北	121.3
12	香港	218.2	28	德黑兰	120
13	巴黎	215	29	圣彼得堡	110.2
14	重庆	202	30	斯德哥尔摩	108
15	墨西哥城	201.4	31	巴塞罗那	104.8
16	深圳	178.8			

2.5.1.3　中心城市轨道交通发展现状

我国第一条地铁从 1965 年开工建设，至今已有 50 年历史，但长期发展缓慢。进入 20 世纪 90 年代后，随着我国的经济体制改革的逐渐深入，社会经济迅速发展，城市交通需求剧增，我国城市轨道交通进入高速发展期。

北京轨道交通规划始于 1953 年，至 2015 年已建成 18 条地铁线路，是中国运营时间最久、乘客运载最多，早晚峰值最忙的地铁线路。据统计，北京地铁工作日的日均客运量在 1000 万人次左右，是世界上规模最大的城市地铁系统之一。2015 年北京轨道交通全年总客流量达到 32.5 亿人次。

2015 年 1 月和 4 月，国家发改委相继批复了《济南市城市轨道交通近期建设规划（2015—2019 年）》和《呼和浩特市城市轨道交通近期建设规划（2015—2020 年）》。济南和呼和浩特成为全国第 38、39 个获批建设城市轨道交通的城市。

2015 年 12 月，青岛地铁 3 号线北段开通运营，里程 12 公里，车站 10 座。南昌地铁 1 号线一期开通运营，里程 28.8 公里，车站 24 座。淮安有轨电车一期工程投入运营，里程 20.07 公里，车站 23 座。青岛、南昌和淮安分别是全国第 23 个、第 24 个、第 25 个开通运营轨道交通的城市。

1. 2015 年轨道交通运营线路统计概况

截至 2015 年 12 月 31 日，中国内地有北京、上海、广州、深圳、南京、天津、重庆、大连、沈阳、长春、成都、武汉、西安、佛山、苏州、杭州、昆明、哈尔滨、郑州、长沙、宁波、无锡、青岛、南昌、淮安等 25 个城市的 112 条轨道交通线路开通运营（二期工程、支线和延伸线已和并计入线路主线），合计运营总里程达 3618 公里，车站 2255 座（换乘站重复计算），线路形式有地铁、轻轨、独轨、有轨电车、市域快轨、磁悬浮和 APM（Automated People Mover System, 旅客自动输送系统）。

这些运营城市中，上海、广州、天津、南京、长春、大连、沈阳、苏州、淮安等 9 个城市开通了现代有轨电车；广州的 APM 线 (广州市珠江新城核心区市政交通项目旅客自动输送系统) 是一种无人自动驾驶、立体交叉的自动导轨快捷运输系统。城市轨道交通的多样化能够充分体现不同城市的地域特征和客流需求特征，具有较高的适应性。

2015 年，全国城市轨道交通新增运营里程 307 公里，新增运营线路 11 条，新增运营城市 3 个 (青岛、南昌和淮安)。

2. 各城市运营里程排序

如图 2-15 所示，在各城市轨道交通运营里程排序中，达到 200 公里以上的城市依次为上海 683 公里、北京 631 公里、广州 247 公里、南京 232 公里、重庆 202 公里，达到 100 公里、不足 200 公里的城市有 6 座。

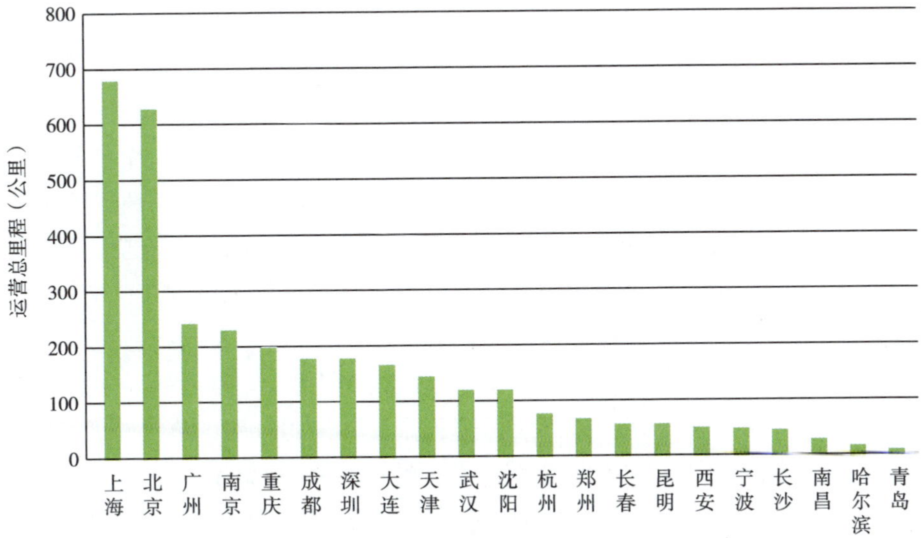

图 2-15　各城市轨道交通运营线路总里程排序

3. 各城市运营线路数排序

如图 2-16 所示，在各城市轨道交通运营线路数排序中，北京以 18 条线路名列第一。从数量上看，北京、上海、广州为第一梯队，南京、大连、沈阳、天津、深圳为第二梯队。

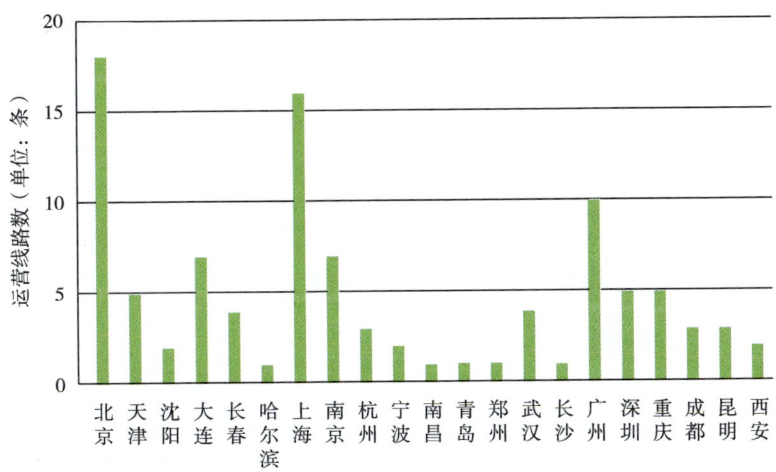

图 2-16　各城市运营线路数排序

预计 2016 年年末，我国城市轨道交通总运营里程将超过 4000 公里，新增运营城市有东莞、合肥、南宁、兰州等，运营城市总数将超过 29 个。

2.5.2 城市轨道交通的相关评价指标

城市轨道交通系统工程项目往往造价较高，投资额巨大，若规划不合理，会给城市发展带来较大的财政负担。为我国城市轨道交通行业提供一个全面、合理、有效反映城市轨道交通发展水平的评价系统，对城市轨道交通回归理性建设具有重大意义。评价系统要求运营企业既要确保轨道交通运营的绝对安全，又要不断提升客运服务的质量。常见城市轨道交通发展水平评价系统包含 3 个指标系统，分别为线网结构形式、运营指标及外部效益指标。

线网结构形式。该部分主要以一个城市的线网为整体进行评价，主要反映一个城市在轨道交通规划、建设方面所做的工作及取得的效果，从线网规模结构和线网形式两个方面反映线网规划、建设的合理性。这一指标体系主要包括线网长度、车站数、网络连通度、换乘选择比、轨交分担比、满载率及单位投资等 7 个指标。

运营指标。该部分主要从运营效果角度进行评价，反映城市轨道交通运营活动效能。这一指标体系包括客运、服务、运行、能耗、财务几个方面，主要包括客运量、周转量、负荷强度、不均衡系数、故障率、路网运营时间、高峰小时最小发车间隔、可靠度、单位能耗、成本收入率、非票收入率、单位运营成本等 12 个指标。

外部效益指标。该部分从城市轨道交通线网的外部效益角度进行评价，衡量城市轨道交通作为准公益性基础设施所带来的外部效益的大小。这一指标体系主要包括运力替代效益、可达性效益、安全性效益、节约时间效益、舒适性效益、不动产增值效益、经济增长效益、能源节约效益、城市活力提升效益等 9 个指标。

综合以上 3 个方面的评价体系，本书在此采用以下几个指标对 36 个中心城市的城市轨道交通发展进行简单评价与总结。

2.5.2.1 运营里程（线网长度）

运营里程（线网长度）指运营线路按始发站站中心至终点站中心，沿正线线中心测得的长度之和。线路长度是目前最为常用的轨道交通发展程度指标，接受程度较广。其与轨道交通的投资规模、覆盖范围、运营成本等指标密切相关，简单易统计。

中心城市 2015 年地铁线网长度数据见表 2–14、图 2–17 所示。

中心城市地铁线网长度　　表 2–14

单位：公里

城市	线网总长度	城市	线网总长度
北京	631	成都	180
上海	683	西安	51
广州	247	杭州	81
天津	147	昆明	59
深圳	179	哈尔滨	17
南京	232	郑州	69
重庆	202	长沙	46
长春	60	宁波	49
武汉	123	青岛	11
大连	167	南昌	29
沈阳	121		

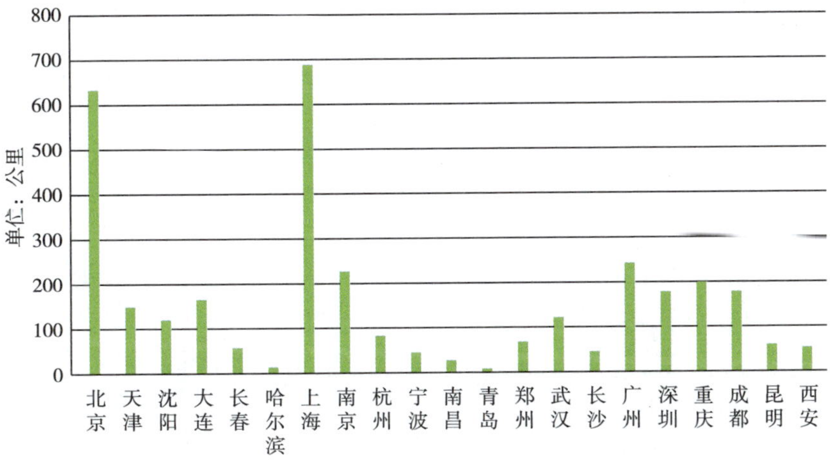

图 2–17　中心城市地铁线网长度

线网长度是表征城市轨道交通建设规模的最基本数据之一。从各中心城市轨道交通运营线路总里程上来看，上海、北京分别以 683 公里、631 公里占据线网长度中的第一梯队，几乎占据了中心城市轨道交通运营线路总长度的一半，展现出极高的轨道交通发展水平。

广州、南京、重庆轨道交通线网总长度达 200 多公里，轨道交通基本成网，成为城市公共交通的主干运力。另外，线网长度超过 100 公里的还有天津、深圳、武汉、大连、沈阳及成都 6 座城市（其中大连和沈阳的统计数据中包含有轨电车的线网长度），这些城市轨道交通正处于发展阶段，运营规模不断增长。

2.5.2.2 客运量

客运量指路网中各条运营线路运送乘客总量，是目前最为常用的轨道交通发展程度指标，接受程度较广。其与轨道交通的客运强度等指标密切相关，简单易统计。

中心城市 2015 年轨道交通客运量见表 2–15、图 2–18 所示。

中心城市 2015 年轨道交通客运量表 表 2–15

单位：万人次

城市	客运量	城市	客运量	城市	客运量	城市	客运量
北京	332381	成都	27163	重庆	63247	长沙	8407
上海	306798	西安	34209	长春	7835	宁波	3776
广州	240692	杭州	22346	武汉	56510	青岛	54
天津	28812	昆明	8367	大连	11304	南昌	140
深圳	112188	哈尔滨	6564	沈阳	27772		
南京	71712	郑州	8810				

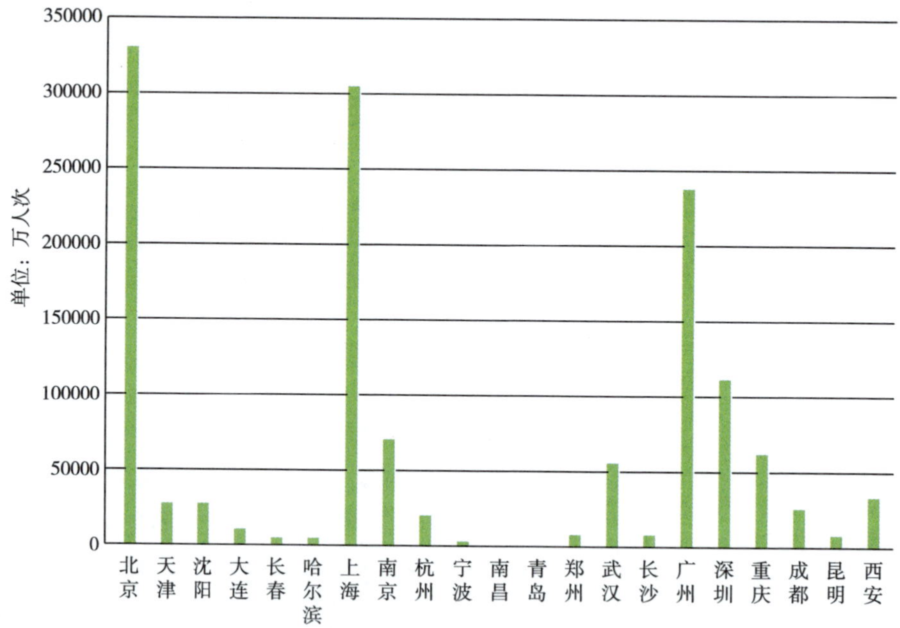

图 2–18 2015 年中心城市轨道交通客运量

毫无疑问，城市轨道交通客运量在评价指标中占有举足轻重的地位。它直接反映了一个城市轨道交通的发展状况，体现了城市轨道交通对客流的吸引程度。从 2015 年城市轨道交通客运量数据来看，北上广三大城市位列全国之首，贡献率占全国六成以上，形成第一梯队。深圳、南京、重庆、武汉等的年客运量均达到 5 亿人次以上，位列第二梯队。大致上，中心城市客运量与轨道交通线网长度成正比。其中比较有出入的是天津市，客运量并没有达到线网长度的相应值，实际运力并没有达到规划中的预期，造成公共资源的浪费。因此，对于城市轨道交通建设的决策者来说，需要在规划审批时对即将出现的客流量有充分且准确的预测，适当且适度超前即可。南昌和青岛客运量不高的原因与其轨道交通运营时间较晚有关，都是在 2015 年最后一个季度开通，不做同等比较。

2.5.2.3　轨交分担比

轨交分担比指轨道交通年客运量在城市公共交通（广义公共交通，包括出租车数据）年总客运量中的占比，反映了轨道交通在城市交通体系中所承担的功能大小。

中心城市 2015 年城市公共交通年总客运量见表 2–16、图 2–19 所示。

中心城市 2015 年城市公共交通年总客运量表　　表 2–16

单位：万人次

城市	客运量	城市	客运量	城市	客运量	城市	客运量
北京	797134	成都	233706	重庆	397115	长沙	116944
上海	658803	西安	238971	长春	157767	宁波	65457
广州	561411	杭州	185071	武汉	240218	青岛	127106
天津	222991	昆明	112963	大连	157320	南昌	85413
深圳	358193	哈尔滨	190917	沈阳	181639		
南京	202170	郑州	133732				

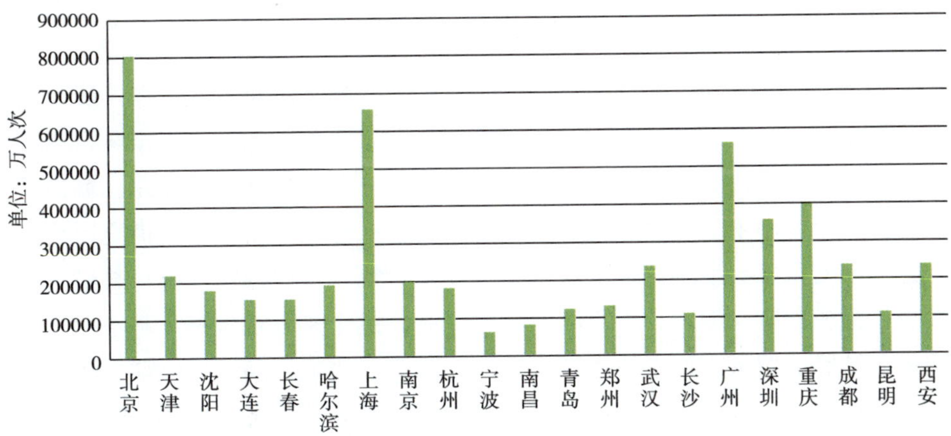

图 2–19　2015 年中心城市公共交通年总客运量

中心城市 2015 年轨交分担比见表 2-17、图 2-20。

中心城市 2015 年轨交分担比表 表 2-17

单位：%

城市	轨交分担比	城市	轨交分担比	城市	轨交分担比	城市	轨交分担比
北京	41.697	成都	11.623	重庆	15.927	长沙	7.189
上海	46.569	西安	14.315	长春	4.966	宁波	5.769
广州	42.873	杭州	12.074	武汉	23.525	青岛	0.043
天津	12.921	昆明	7.407	大连	7.185	南昌	0.164
深圳	31.321	哈尔滨	3.438	沈阳	15290		
南京	35.471	郑州	6.588				

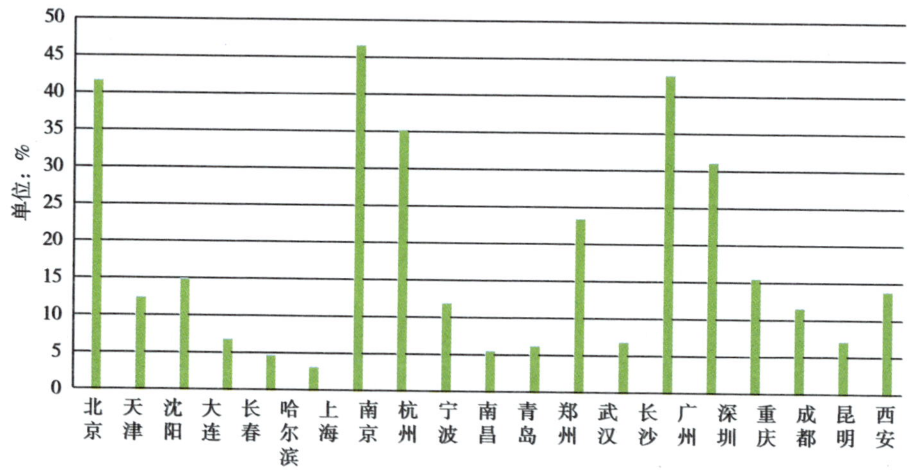

图 2-20 2015 年中心城市轨道交通分担比

一般来说，越高效的城市轨道交通往往越能够吸引更多的乘客，从而构建以其为核心的综合交通发展模式。从以上数据可以看出，北上广三市各自以接近 50% 的轨交分担比占据第一梯队，并且与其他中心城市拉开较大差距，城市轨道交通在这三个城市中占有极其重要的地位。北上广已经形成城市轨道交通为主动脉、其他公交系统为毛细血管的城市交通立体系统，发展相对完善，与城市的经济发展情况相适应。深圳、南京两地轨道交通分担比亦达到 30%，基本形成轨道交通为主动脉的城市交通立体系统。天津、重庆、沈阳、武汉、成都、西安、杭州城市轨道交通占比达到两位数，说明其城市轨道交通在城市公共交通中占有重要地位，并且城轨交通一般都建在城市中客流相对密集、客流量大区域，基本形成轨道交通为主干的城市公交系统。对于其他城市来说，轨道交通占比相对较低，说明仍有巨大提升潜力。作为大运力的城市轨道交通，对于构建城市公共交通立体系统、有效纾解城市拥堵现象具有重大意义，理当充分利用。

专栏

2015 年轨道交通大事记

2015 年，全国轨道交通完成投资 3683 亿元（国家统计局 2016 年 2 月 5 日发布数据），同比增长 27%；在建线路总长 4448 公里（7 种制式同时在建）；可研批复投资累计 26337 亿元。轨道交通新建、规划线路规模大、投资增长迅速，建设速度持续加快。这一年是城市轨道交通大发展的一年，主要的大事件如下：

全国 19 座城市 28 个轨道交通项目报告获批

2015 年，各地发改委批复了 14 个城市轨道交通项目报告，涉及南宁、北京、上海、成都、西安等中心城市（见表 2-18）。

2015 年国家发展改革委批复的城市轨道交通项目一览　表 2-18

批复日期	项目名称	投资额（亿元）
1 月 9 日	济南市城市轨道交通近期建设规划（2015 ~ 2019 年）	437.2
5 月 18 日	南宁市城市轨道交通近期建设规划（2015 ~ 2021 年）	529.37
5 月 18 日	成都市城市轨道交通近期建设规划（2013 ~ 2020 年）调整	467.2
5 月 20 日	呼和浩特市城市轨道交通近期建设规划（2015 ~ 2020 年）	338.81
5 月 20 日	南昌市城市轨道交通第二期建设规划（2015 ~ 2021 年）	610.9
5 月 20 日	南京市城市轨道交通第二期建设规划（2015 ~ 2020 年）	1202.2
6 月 23 日	长春市城市轨道交通近期建设规划（2010 ~ 2019 年）调整	148.6
6 月 23 日	武汉市城市轨道交通第三期建设规划（2015 ~ 2021 年）	1148.9
9 月 29 日	北京市城市轨道交通第二期建设规划（2015 ~ 2021 年）	2122.8
9 月 29 日	天津市城市轨道交通第二期建设规划（2015 ~ 2020 年）	1794.33
9 月 29 日	深圳市城市轨道交通第三期建设规划（2011 ~ 2020 年）调整	730.6

续上表

批复日期	项目名称	投资额(亿元)
12月30日	大连市城市轨道交通第二期建设规划（2015～2020年）	529.04
12月31日	石家庄市城市轨道交通近期建设规划（2012～2021年）调整	131.96
12月31日	福州市城市轨道交通第二期建设规划（2015～2021年）	654.4
总计		10846.31

国家发改委加强城市轨道交通规划建设管理

2015年1月12日，国家发改委下发《关于加强城市轨道交通规划建设管理的通知》。通知提出，按照统筹衔接、经济适用、便捷高效和安全可靠的原则，科学编制规划，有序发展地铁，鼓励发展轻轨、有轨电车等高架或地面敷设的轨道交通。

中国造首列氢能源有轨电车

2015年3月19日，世界首辆氢能源有轨电车在中车青岛四方机车车辆股份有限公司下线。它的问世填补了氢能源在全球有轨电车领域应用的空白，使我国一跃成为世界上首个掌握该技术的国家。

2015北京国际城市轨道交通展览会在京举办

2015年6月16日，为期3天的2015北京国际城市轨道交通展览会在中国国际展览中心开幕。来自中国、加拿大、德国、法国、美国等国家和地区的相关机构和企业参展，展示行业内最新、最先进的科学技术成果。

中国城市轨道交通协会现代有轨电车分会成立

2015年9月8日，中国城市轨道交通协会现代有轨电车分会在苏州高新区成立，这标志着我国首个国家级现代有轨电车协会成立。现代有轨电车分会的成立，为政府与有轨电车建设运营企业搭建了沟通的桥梁和纽带，推动产业技术创新和人才培养的不断进步，并逐渐规范行业行为，推动适合我国国情和地方情况的现代有轨电车健康有序发展。

深圳地铁走出国门

2015年9月20日，亚的斯亚贝巴轻轨南北线正式通车；11月10日，轻轨东西线开通运营。深圳地铁由此成为中国内地第一家将轨道交通运营管理经验输出到国外的地铁公司。

2.5.3 地方实践

2.5.3.1 深圳轨道交通投融资探索与实践

城市轨道交通投融资是项目建设资金保障最为核心的问题，是整个城市轨道交通项目中十分重要的环节。城市轨道交通的快速发展需要巨大的资金支撑，而随着地方财政收入的变化及我国财税体系和金融政策的不断改革创新，原有城市轨道交通投融资方式已经难以为继。在此情况下，转变与创新投融资模式才能更好地保障我国城市轨道交通的持续健康发展。

1.“投融资 + 设计施工总承包 + 回报”的 BT 模式

深圳地铁 5 号线在结合了深圳自身特点的情况下，首次采用“投融资 + 设计施工总承包 + 回报”的“BT”建设模式开展建设工作，实现了建设工程投融资体制和项目管理体制的两大创新，被国家住房和城市建设部赞誉为“深圳模式”。

深圳与国内其他城市的 BT 建设模式不同，以设计施工总承包为核心，以投融资和回报为手段，突破传统 BT 建设模式中项目承办人作为过程业主的框架，明确地铁公司作为 BT 项目发起人，履行建设单位职责。中国中铁集团作为 BT 项目承办人，履行投融资、施工图设计施工总承包职责。这种颇具深圳特色的 BT 建设模式，简化了各方主体的法律关系，明晰了各方主体的法定职责，为快速构建深圳地铁 5 号线 BT 项目管理构架、有序推进深圳地铁 5 号线 BT 项目建设进程奠定了基础。5 号线 BT 项目主要参与单位合同关系如图 2–21 所示。

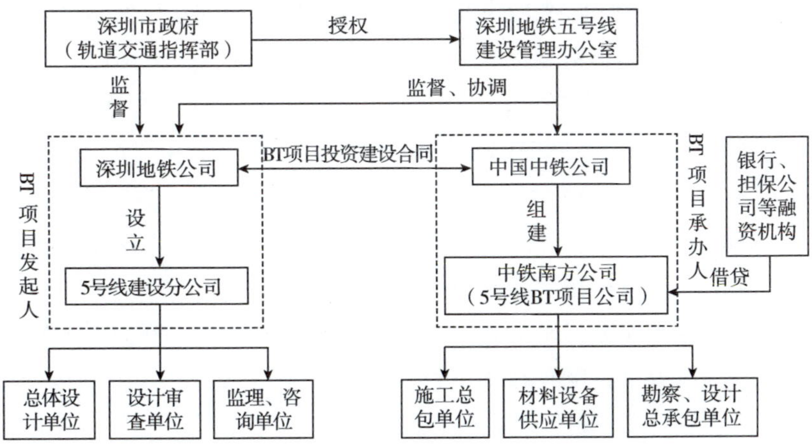

图 2–21　深圳地铁 5 号线 BT 项目主要参与单位合同关系

2. 二期工程中的“地铁 + 物业”模式

深圳地铁二期工程中，深圳市地铁集团有限公司学习借鉴香港“地铁 + 物业”模式在轨道交通二期 5 条线部分车站及车辆段进行上盖空间开发探索与实践，并通过招拍挂方式依法取得城市轨道交通上盖物业土地开发权，深圳市政府以注册资本金形式将按规定上缴的低价及时返还深圳市地铁集团，以作为城市轨道交通建设项目资本金。深圳地铁集团在深圳地铁二期工程中广开筹融资渠道，开展系列银团贷款，已累计完成 300 多亿元为期 25 年的银团贷款，成功发行企业中期票据 100 亿元，成功获批 100 亿元企业债券额度，为全国城市轨道交通企业同类融资品种规模之最。

3. 三期工程投融资体制新探索

深圳地铁三期建设投融资体制实施重大改革，由二期“政府投资 50%、地铁集团自筹 50%”建设地铁，转为“政府将地铁沿线上盖综合开发用地作价出资注入地铁集团，由深圳地铁集团融资开展地铁建设”。深圳市政府全力支持深圳市地铁集团有限公司开展轨道交通上盖空间物业开发，并按照项目融资资金需求配置相应上盖空间资源。深圳市地铁集团有限公司通过轨道交通建设提升上盖空间物业价值，将上盖空间物业开发收益用于融资资金的还本付息和运营补贴等，努力实现轨道交通企业的收支平衡和健康发展。

2.5.3.2 苏州：有轨电车的创新实践

苏州是一座环境优美、经济发达、历史悠久的文化名城。然而，随着城市的飞速发展，交通问题日益显现，解决城市交通拥堵及其他交通问题已经成为苏州必须面对的现实。近年来，苏州市对道路交通设施的建设力度很大，但道路交通容量的扩充速度却远远跟不上小汽车数量的增长速度。结合国内外城市发展经验，构建绿色交通体系，除了发展大运量地铁线路之外，苏州市进行了有轨电车的探索实践。

苏州市有轨电车 1 号线全线整体呈东西走向，属于市轨道交通的过渡、补充和延伸，是高新区内部公交骨干系统。有轨电车 1 号线始于高新区中心片区苏州乐园站，途经苏州科技城，止于西部生态城龙康路站。运营长度 18 公里，共设车站 10 座，平均车间距 1800 米，可在苏州乐园站换乘轨道交通 1 号线，投资 31 亿元，采用低地板有轨电车技术，行驶平稳无颠簸感。

有轨电车 1 号线 2012 年 9 月开工建设；2013 年 12 月正线全线贯通；2014 年 4 月首列车下线；2014 年 6 月联调联试、试运行；2014 年 9 月 26 日顺利通过试运营基本条件评审，具备通车试运营条件；2014 年 10 月 26 日，通车试运营。

苏州有轨电车的技术创新首先体现在它的节能环保。一辆 70 人的公交车，每公里碳排放 45 克，一年的碳排放大约为 60 多万克。而一辆有轨电车的运营能力是一辆公交车的 3 倍，排放量是公交的 1/10。

苏州有轨电车在穿行十字路口的时候，根据当地实际情况，创新采用了 3 种穿越方式，分别为交叉口通过、高架通过及下穿通道式通过和高架及下穿通过的形式，有效纾解道路交叉口的交通拥堵的情况，提高有轨电车运行速度。与此同时，在通过道路交叉口时，有轨电车采用信号优先的理念，绿灯适度延长，红灯适度缩短，以减少有轨电车遭遇红色信号灯的可能性，提高运行速度，缩短行驶时间。目前，苏州有轨电车行驶速度已达到 31.5 公里 / 小时，不逊色于一般地铁线路。

苏州有轨电车在运营中采用智能交通系统及乘客信息服务系统，并且根据实际运营状况不断进行调试，使得列车运行准点率及显示屏准确率都大幅度提高，远高于业内平均水平。苏州有轨电车还创新采用了槽型钢轨，并在国内首次达到可自主研发与鞍钢合作生产的能力。

在运营初期，民众对苏州有轨电车的评价褒贬不一。苏州高新有轨电车有限公司进行多次尝试，民众对有轨电车有了更多的了解认识，评价也慢慢趋于理性，获得市民好评。苏州市政府颁布了相关的《苏州市轨道交通管理办法》及《苏州市轨道交通安全条例》，规范乘客行为规范，增强民众对规则的理解，促进轨道交通事业发展，保障轨道交通安全，维护轨道交通各方主体的合法权益。

苏州有轨电车的成功运营，在行业内树立了极强的示范作用，成为其他城市规划轨电车时的关注考察对象，提供了重要的借鉴经验；同时，也标志着有轨电车时代的到来，作为大运量地铁的补充，填补了中间运力领域的空缺，使得绿色轨道系统更加完善、更加科学。

专栏

长沙磁悬浮　“智造”中国新交通

在如今社会经济发展和运输市场竞争需要的前提下，打好空港牌和高铁牌是长沙加速现代化的必由之路。长沙磁悬浮列车的开通就是湖南省践行“一带一路”的重点项目，总投资 42 亿元人民币。磁悬浮列车是一种依靠磁力悬浮在空中运行的列车。全球第一条磁悬浮商运线是连接上海地铁 2 号线至上海浦东国际机场的磁悬浮，最高运行速度为 430 公里 / 小时。根据发改委发布的《关于长沙磁浮工程可行性研究报告的批复》，长沙磁悬浮车辆采用的是中低速磁悬浮列车，设计最高运行时速为 120 公里。长沙磁悬浮也是中国国内第一条自主设计、自主制造、自主施工、自主管理的中低速磁悬浮，连接长沙南站和长沙黄花国际机场，线路全长 18.54 公里。长沙是继上海之后，中国第二个开通磁悬浮的城市。

打造一体化综合交通枢纽

长沙磁悬浮快线用于连接长沙火车南站与黄花机场，进行小运量运输，全程高架，全线设计时速 100 公里 / 小时，最小行车间隔 3 分钟，建成之后乘客从长沙南站至长沙黄花机场 T2 航站楼仅需 10 分钟。长沙磁悬浮的开通，将已有的铁路与航空运输有效衔接，构建中部地区“空铁联运”一体化综合交通枢纽。

“2016 年，旅客在长沙南站下高铁后，可在高铁站内完成行李托运和值机手续，然后乘坐磁悬浮列车直抵黄花机场航站楼，过安检登机。”这是湖南机场集团公司总经理刘志仁描绘的美好愿景。随着磁悬浮项目的即将完工，这个愿景即将成为现实。“当磁悬浮把高铁站与机场联通以后，就解决了旅客最为困扰的‘最后一公里’难题。”刘志仁说，高铁站未来将成为黄花机场的城市候机楼，旅客在高铁站办理值机手续如同现在机场的航站楼一样方便快捷。

完全自主知识产权

长沙磁悬浮快线是中国首条拥有完全自主知识产权的磁悬浮铁路，使用名为“追风者”的磁浮列车。“追风者”于 2012 年 1 月诞生，目前已在运营仿真考核验证试验线上行驶了 1.3 万公里，其多项成果被鉴定为达到国际领先水平。该款列车由中车株机公司联合株洲中车时代电气股份有限公司、中车株洲电机有限公司、西南交通大学、国防科技大学、国家磁浮中心等单位，依托近 10 年技术积淀，历时 1 年多系统集成。这使中国成为世界上仅有 4 个掌握该项技术的国家，具有十分重要的社会效益，以及显著，以及推广和示范效应。

我国著名轨道电力牵引动力专家、中国工程院院士刘友梅表示，长沙中低速磁浮工程列车的成功研制，攻克了中低速磁浮列车系统集成技术难关，填补了中国中低速磁浮自主知识产权的工程化和产业化运用领域的空白。刘友梅院士认为，磁悬浮项目成功运营后，意味着南车株机公司掌握了磁悬浮交通核心技术和系统集成技术，建立了完整、专业化的工程化体系。长沙磁悬浮项目作为全国第一条自主研发磁悬浮线，必将在行业内起到良好的示范作用。

中低速磁浮交通产业作为高科技、高附加值的高端装备制造业，还将带动冶金、机电、信息、车辆制造、建筑等多个相关行业的发展，推动湖南省交通装备产业做大做强，同时促进城市的快速发展，提升湖南科技强省的形象，推进新型工业化和两型社会发展。

竞争力

据中国中车研制磁悬浮列车的首席专家彭奇彪介绍，该列车具有诸多优点。磁悬浮列车悬浮在轨道上方约 0.8 厘米，消除了轮轨摩擦与冲击，与普通轮轨列车相比具有磨损小、噪声低、振动小等特点。由于磁悬浮列车车体是“抱”在轨道上运行，和路基一体化，因此绝对不可能脱轨，安全系数高。由于没有轮轨的摩擦震动，时速 80 公里运行时的噪声仅为 70 分贝左右，可以做到车辆从楼宇窗户 10 米外穿过而楼内人员不易察觉。同时，其最小转弯半径只有 50 米，仅为地铁的 1/2，非常适合在市区内建筑间穿行，最大限度地避免拆迁。

与此同时，这种磁浮线每公里造价为 1.5 亿至 2.5 亿元，远低于地铁造价，具有极高的性价比，而且后期运营维护成本大为降低。据悉，中国中低速磁悬浮快线目前已经吸引了国内外超过 10 个大中城市的持续关注，有望成为中国继高铁之后又一个可为全球相关城市提供绿色智能、环境友好的轨道交通工具。

2.6 新能源汽车推广与应用

在国务院《新能源汽车产业发展规划（2012—2020 年）》和《关于加快新能源汽车推广应用的指导意见》等纲领性文件的指导下，国务院各有关部委纷纷出台包括购车补贴、充电设施建设等支持鼓励新能源汽车发展的各项政策。36 个中心城市也积极制定配套推广方案，大力推广新能源汽车。

受益于部分中心城市取消限行限购、系列补贴措施和新能源汽车产品线逐步完善，2015 年我国新能源汽车市场迎来爆发式增长，全年销量达 33 万辆，全球占比超过 40%，高于美国、欧洲和日本，成为全球最大市场。

2.6.1 新能源汽车推广的宏观背景

2.6.1.1 减少国外石油依赖

随着全球经济的快速发展，能源短缺问题日益严峻。传统汽车工业作为石油消耗的重要来源，随着汽车保有量的不断增加，造成石油消耗攀升。中国自 2004 年汽车产业发展政策发布实施以来，汽车行业发展迅速。2009 年中国汽车产销量达 1300 万辆，规模跃居世界第一位；2015 年产销突破 2450 万辆，创历史新高。随着我国汽车保有量的不断增加，车用石油消耗量占石油总消耗量的比例逐年上升，导致我国对进口原油的依赖程度也越来越大。中石油经济技术研究院最新发布的 2016 年度《国内外油气行业发展报告》显示，2015 年我国石油净进口量 3.28 亿吨，增长 6.4%，增速比上年高 0.6 个百分点。我国石油消费持续中低速增长，对外依存度达到 60.6%。数据显示，2015 年我国石油表观消费量估计为 5.43 亿吨，比上年增加 0.25 亿吨，剔除新增石油储备和库存因素，估计实际石油消费增速为 4.4%，较上年增加 0.7 个百分点。成品油净出口量连续 3 年大幅度递增。

我国是世界上第二大原油消费国、第一大原油进口国，在石油危机来临之前大力发展新能源汽车是必然选择。

2.6.1.2 防治大气污染

随着机动车保有量的快速增加，我国空气开始呈现出煤烟和机动车尾气复合污染的特点。2015 年 36 个中心城市均出现了不同程度的污染，京津冀地区尤为严重。北京市 2015 年空气质量达标天数 186 天，重污染共 46 天，PM2.5 年均浓度为 80.6 微克 / 立方米。

汽车尾气是雾霾的主要来源之一。据环境保护部《2015 年中国机动车污染防治年报》显示，2014 年全国机动车排放污染物 4547.3 万吨，其中氮氧化物（NO_x）627.8 万吨、颗粒物（PM）57.4 万吨，碳氢化合物（HC）428.4 万吨、一氧化碳（CO）3433.7 万吨。传统汽车是污染物总量的主要贡献者，其排放的 NO_x 和 PM 占比超过 90%，HC 和 CO 占比超过 80%。

按车型分类，全国货车排放的 NO_x 和 PM 明显高于客车，其中重型货车是主要贡献者；而客车 CO 和 HC 排放量则明显高于货车。按燃料分类，全国柴油车排放的 NO_x 接近汽车排放总量的 70%，PM 超过 90%；而汽油车 CO 和 HC 排放量则较高，超过排放总量的 70%。按排放标准分类，占汽车保有量 3.8% 的国 I 标准汽车，其排放的四种主要污染物占排放总量的 30% 以上；而占保有量 75.2% 的国Ⅲ及以上标准汽车，其排放量还不到排放总量的 40%。按环保标志分类，仅占汽车保有量 6.8% 的“黄标车”却排放了 45.4% 的 NO_x、74.6% 的 PM、47.4% 的 CO 和 49.1% 的 HC。

我国已连续 6 年成为世界机动车产销第一大国。随着机动车保有量的持续增长，机动车排放污染物也将持续恶化。为有效治理污染，改善空气质量，迫使我国必须大力支持和发展新能源汽车。

2.6.1.3　新能源是汽车工业的发展方向

美国长期侧重降低石油依赖、确保新能源安全的战略，将发展新能源汽车作为交通领域实现根本上摆脱石油依赖的重要措施，并以法律法规的形式确定了新能源汽车的战略地位。近年来，奥巴马政府将大力发展电动汽车作为实施新能源战略的重要内容，提出了总额 40 亿美元的动力电池及电动汽车研发和产业化的计划，产品上选择了插电式混合动力电动车为发展重点。

日本长期坚持确保能源安全和提高产业竞争力的双重战略，通过制订国家目标引导新能源汽车产业的发展，同时高度重视技术创新。2006 年日本提出了新的国家能源战略，目标是到 2030 年交通领域对石油的依赖从 100% 降到 80%。为了配合这个新能源战略的实施，日本提出了下一代汽车燃料计划，明确提出改善和提高汽车燃油经济性标准，推进生物质燃料的应用，促进电动汽车和燃料电池汽车应用等。近期，日本又将大力发展电动汽车作为低碳革命的重要内容，并且计划到 2020 年普及以电动汽车为主体的下一代汽车。

相对于美国和日本，欧洲更加侧重于温室气体减排战略。满足日益严格的二氧化碳排放标准已经成为欧洲对新能源汽车发展的主要驱动力。早期，欧洲的新能源汽车发展主要以生物质燃料、天然气及氢燃料为主。21 世纪初，欧洲曾经提出到 2020 年替代石油 23% 的目标。近期，欧洲国家则对电动汽车给予高度关注。

我国政府早在 2012 年就发布了《节能与新能源汽车产业发展规划（2012—2020 年）》，明确了推广应用新能源汽车的销量目标。2013 年后，财政部、交通运输部等部委出台支持鼓励新能源汽车发展的指导意见和补贴措施。36 个中心城市积极响应政策号召，制定符合地方实际的应用推广方案。

2015 年，国务院印发《中国制造 2025》的通知，明确提出将节能与新能源汽车作为重点发展领域，重点支持方向为节能汽车、新能源汽车、智能网联汽车等 3 个方向。

在环境保护和节约资源日益成为全社会共识的背景下，发展新能源汽车已成为世界各国拉动经济增长、提升国家竞争力的战略举措。大力发展新能源汽车已经形成了全球统一共识，新能源汽车成为未来汽车工业发展的方向。

2.6.2　2015 年新能源汽车推广应用政策

近几年，我国政府和产业界对发展新能源汽车非常重视，把实施能源战略作为调整汽车产业的重要战略选择，在政策、规划、标准、管理规则、财政补贴等方面出台了一系列政策法规，鼓励私人购买及在城市道路交通系统中应用推广新能源汽车，引导新能源汽车产业的合理发展。尤其是在 2015 年，相关配套政策密集发布。

2.6.2.1　国家层面推广政策

2015 年 2 月 16 日，科技部发布了《国家重点研发计划新能源汽车重点专项实施方案（征求意见稿）》。其总体目标是落实《节能与新能源汽车产业发展规划（2012—2020 年）》；实施新能源汽车“纯电驱动”技术转型战略；完善电动汽车“三纵三横”技术体系和新能源汽车研发体系，升级新能源汽车动力系统技术平台；抓住新能源、新材料、信息化科技带来的新能源汽车新一轮技术变革机遇，超前研发下一代技术；到 2020 年建立起完善的电动汽车动力系统科技体系和产业链，为 2020 年实现新能源汽车保有量达到 500 万辆提供技术支撑。

2015 年 3 月 18 日，交通运输部发布《关于加快推进新能源汽车在交通运输行业推广应用的实施意见》（以下简称《实施意见》）。这份实施意见是我国交通运输领域全面普及新能源汽车的纲领性文件，具有非常强烈的指导意义。《实施意见》按照“政府引导、市场主导、重点推进、因地制宜”的基本原则，明确了推进新能源汽车发展的总体目标，即：至 2020 年，新能源汽车在交通运输行业的应用初具规模，在城市公交、出租汽车和城市物流配送等领域的总量达到 30 万辆。公交都市创建城市新增或更新城市公交车、出租汽车和城市物流配送车辆中，新能源汽车比例不低于 30%；京津冀地区新增或更新城市公交车、出租汽车和城市物流配送车辆中，新能源汽车比例不低于 35%。到 2020 年，新能源城市公交车达到 20 万辆，新能源出租汽车和城市物流配送车辆共达到 10 万辆。《实施意见》同时要求各级交通运输主管部门按照“适度超前、科学布局”和“统筹规划、分步实施”的原则，将新能源汽车推广应用纳入城市公共交通规划和城市综合交通运输体系规划，明确新能源汽车推广应用目标、技术路线、重点任务和配套政策。

2015 年 3 月 24 日，为贯彻落实《国务院关于印发节能与新能源汽车产业发展规划（2012—2020 年）的通知》（国发〔2012〕22 号），根据《国务院办公厅关于加快新能源汽车推广应用的指导意见》（国办发〔2014〕35 号）要求，引导和规范汽车动力蓄电池行业健康发展，工业和信息化部发布了《汽车动力蓄电池行业规范条件》公告。

2015 年 4 月 22 日，为保持政策连续性，促进新能源汽车产业加快发展，财政部、科技部、工业和信息化部和发展改革委等四部委联合发布《关于 2016—2020 年新能源汽车推广应用财政支持政策的通知》，明确：（1）补助对象（消费者）。新能源汽车生产企业在销售新能源汽车产品时按照扣减补助后的价格与消费者进行结算，中央财政按程序将企业垫付的补助资金再拨付给生产企业。（2）补助产品。中央财政补助的产品是纳入《新能源汽车推广应用工程推荐车型目录》的纯电动汽车、插电式混合动力汽车和燃料电池汽车。（3）补助标准。补助标准主要依据节能减排效果，并综合考虑生产成本、规模效应、技术进步等因素逐步退坡。2017—2020 年除燃料电池汽车外，其他车型补助标准适当退坡。其中，2017—2018 年补助标准在 2016 年基础上下降 20%，2019—2020 年补助标准在 2016 年基础上下降 40%。

2015 年 5 月 7 日，财政部、国家税务总局、工业和信息化部联合发布《关于节约能源使用新能源车船车船税优惠政策的通知》，明确，对节约能源车船减半征收车船税，对新能源车船免征车船税。免征车船税的新能源汽车是指纯电动商用车、插电式（含增程式）混合动力汽车、燃料电池商用车。纯电动乘用车和燃料电池乘用车不属于车船税征税范围，当然也不征车船税。

2015 年 5 月 11 日，交通运输部、财政部、工业和信息化部联合下发了《关于完善城市公交车成品油价格补助政策加快新能源汽车推广应用的通知》（以下简称《通知》）。《通知》是对交通运输部 3 月 18 日发布的《实施意见》的进一步细化。《通知》主要内容：一是减少目前传统燃油公交车的油费补贴。2015—2019 年，现行城市公交车成品油价格补助中的涨价补助以 2013 年实际执行数作为基数逐步递减（2015 年减少 15%，2016 年减少 30%，2017 年减少 40%，2018 年减少 50%，2019 年减少 60%。）2020 年以后根据城市公交车用能结构情况另行确定。二是油费补助金额与新能源公交车推广完成情况挂钩。2015—2019 年，城市公交车成品油价格补助中的涨价补助数额与新能源公交车推广数量挂钩。其中，大气污染治理重点区域和重点省市，2015—2019 年新增和更换的公交车中新能源比重应分别达到 40%、50%、60%、70% 和 80%。中部省和福建省新增及更换的比重应分别达到 25%、35%、45%、55% 和 65%，其他省（区、市）比重应分别达到 10%、15%、20%、25% 和 30%。达到要求的，涨价补助按照政策调整后的标准全额拨付；未能达到上述推广比例要求的，扣减当年应拨涨价补助数额的 20%。三是对完成新能源公交车推广目标的地区给予新能源公交车运营补助。《通知》的发布是我国公交车纯电动化加快步伐的一个重要的里程碑性标志。

2015 年 9 月 29 日，国务院常务会议特别提到：各地不得对新能源汽车实行限行、限购，已实行的应当取消。

2015 年 10 月 5 日，国务院发布《关于加快电动汽车充电基础设施建设的指导意见》（以下简称《指导意见》），按照“统筹规划、科学布局，适度超前、有序建设，统一标准、通用开放，依托市场、创新机制”的原则，明确：到 2020 年基本建成适度超前、车桩相随、智能高效的充电基础设施体系，满足超过 500 万辆电动汽车的充电需求；建立较完善的标准规范和市场监管体系，形成统一开放、竞争有序的充电服务市场；形成可持续发展的“互联网 + 充电基础设施”产业生态体系，在科技和商业创新上取得突破，培育一批具有国际竞争力的充电服务企业。

《指导意见》还明确了七大扶持政策：一要简化规划建设审批；二要加大补贴力度，加快制定“十三五”期间充电基础设施建设财政奖励办法；三要拓宽多元融资渠道，有效整合各类公共资源为社会资本参与充电基础设施建设运营创造条件；四要加大用地支持力度；五要加大业主委员会协调力度，制定全国统一的私人用户居住地充电基础设施建设管理示范文本；六要支持关键技术研发；七要明确安全管理要求，建立安全管理体系，完善有关制度和标准。国务院旨在通过《指导意见》大力推进充电基础设施建设，解决电动汽车充电难题。

2015 年 11 月 3 日，为推动锂离子电池产业健康有序发展，引导产业加快转型升级，工业和信息化部发布了《锂离子电池行业规范公告管理暂行办法（征求意见稿）》，公开征求意见。

2015 年 12 月 15 日，国家发展改革委员会、住房与建设部、交通运输部联合发布《关于进一步完善机动车停放服务收费政策的指导意见》，明确鼓励对新能源汽车停车服务收费给予适当优惠。

2015 年 12 月 15 日，为加快充电基础设施建设，培育良好的新能源汽车服务和应用环境，财政部、科技部、工业和信息化部、发展改革委、国家能源局研究起草了《关于“十三五”新能源汽车充电设施奖励政策及加强新能源汽车推广应用的通知（征求意见稿）》，公开征求意见。

2015 年中国支持新能源汽车发展的相关政策见表 2–19。

2015 年支持新能源汽车发展的相关政策一览　　表 2–19

政 策 文 件	颁布部门
《国家重点研发计划新能源汽车重点专项实施方案（征求意见稿）》	科技部
《关于加快推进新能源汽车在交通运输行业推广应用的实施意见》	交通运输部
《汽车动力蓄电池行业规范条件》	工信部
《关于 2016—2020 年新能源汽车推广应用财政支持政策的通知》	财政部等
《关于完善城市公交车成品油价格补助政策加快新能源汽车推广应用的通知》	财政部等
《关于节约能源　使用新能源车船车船税优惠政策的通知》	财政部等
《关于完善城市公交车成品油价格补助政策加快新能源汽车推广应用的通知》	财政部等
《关于加快电动汽车充电基础设施建设的指导意见》	国务院
《锂离子电池行业规范公告管理暂行办法（征求意见稿）》	工信部
《关于进一步完善机动车停放服务收费政策的指导意见》	发改委等
《关于“十三五”新能源汽车充电设施奖励政策及加强新能源汽车推广应用的通知（征求意见稿）》	财政部等

2.6.2.2 中心城市推广配套政策

国家政策需要地方出台相关配套政策落实。36 个中心城市推广应用新能源汽车政策起到承上启下的作用，一方面是对国家政策的有力响应，另一方也能带动三线城市形成辐射效应。截至 2015 年年底，36 个中心城市的新能源汽车推广方案基本落地，呈现如下特点：

一是各中心城市均高度重视，结合市情积极落实国家政策。截至 2015 年年底，各中心城市基本上均出台推广应用新能源汽车的配套政策，明确补贴车型、补贴政策，还推出免费停车、支持充电设施建设等配套政策。还有部分中心城市根据实际情况制定特殊的推广应用政策。2015 年 10 月 25 日，北京市推出新能源汽车指标将不再摇号，直接向所有通过资格审核的申请人配置，同时针对本市的新能源汽车不限行等政策；上海、广州、石家庄等中心城市对新能源汽车上牌给予优惠、为办理手续开通绿色通道；深圳、南昌、昆明等中心城市对购买新能源汽车者给予路桥费、充电费、自用充电设计及安装费补贴；沈阳给予新能源汽车使用者充电价方面的优惠；福州等中心城市免征新能源汽车购置税。

二是各中心城市补贴配套政策不一。大部分中心城市是按照中央和地方 1 : 1 进行配套，如北京、深圳、天津、哈尔滨、太原、重庆、沈阳、武汉等；还有部分城市补贴低于中央财政，按照 0.8 : 1 进行配套，如大连；部分城市补贴高于中央财政，如昆明、石家庄等。

三是大部分中心城市细化了补贴政策，提高了政策针对性和执行力。上海、南京、南昌、杭州、长春、银川等中心城市采取分车型补贴的政策。上海市对纯电动乘用车的补贴额度为 4 万元 / 辆，对插电式混合动力乘用车（含增程式）的补贴额度为 3 万元 / 辆，补贴力度和旧办法一致；对于燃料电池乘用车和商用车的补贴标准则分别高达 20 万元 / 辆和 50 万元 / 辆。南京市对纯电动乘用车补贴 3.5 万元 / 辆，对纯电动客车补贴 30 万元 / 辆，对插电式混合动力 (含增程式) 乘用车补贴 2 万元 / 辆，对插电式混合动力 (含增程式) 客车补贴 15 万元 / 辆，对超级电容、钛酸锂快充纯电动客车补贴 9 万元 / 辆，对纯电动专用车按电池容量每千瓦时补贴 1200 元（最高 9 万元 / 辆），对燃料电池车乘用车补贴 12 万元 / 辆，对燃料电池商用车补贴 30 万元 / 辆。南昌市新能源汽车购置补助标准分车辆用途和车辆类型。其中，私人购买纯电动乘用车纯

电续驶里程 $R\geqslant 250$ 公里，补助标准为 4.4 万元 / 辆；纯电续驶里程 250 公里 $>R\geqslant 150$ 公里，补助标准为 3.6 万元 / 辆；纯电续驶里程 150 公里 $>R\geqslant 80$ 公里，补助标准为 2.5 万元 / 辆。插电式混合动力乘用车 (含增程式电动汽车，$R\geqslant 50$) 补助标准为 2.4 万元 / 辆。纯电动专用车补贴按动力电池容量计算，每 1 千瓦时补助标准为 1400 元。

四是部分中心城市在配套设施方面给予支持，如武汉、南京、杭州等。杭州市对基础设施建设者，按照充换电设施实际投资额，给予最高不超过 20% 的补助。

五是部分中心城市在公务车采购和团购方面给予支持。如上海市对直接或组织员工一次性购买新能源汽车超过 10 辆的法人单位再给予 2000 元 / 辆的财政补助。哈尔滨市计划从 2016 年起逐步提高政府机关及公共机构购车采购比例，到 2017 年新增或更新新能源汽车比例不低于 30%。福州市计划 2014—2016 年在全市各级政府机关及公共机构新增或更新的机要通信、公安巡逻（城区）、城管执法等车辆中新能源汽车每年占比应不低于 30%。南宁市计划推广新能源汽车，使其在环卫车辆中的比例不低于 20%。

六是部分中心城市利用互联网推广新能源汽车。如北京、大连等中心城市开发新能源汽车充电桩等运营管理信息平台，用户通过手机 APP 终端可查到充电桩的具体位置。

七是各中心城市落实效果不一。截至 2015 年年底，大部分中心城市没有完成国家下达推广新能源汽车目标，济南市 2014 年甚至退出国家“十城千辆”新能源汽车示范城市；也有部分中心城市超额完成国家下达推广计划，如青岛市。

八是部分中心城市新能源汽车推广工作受到环境影响。哈尔滨市受低温影响，推广新能源汽车受到一定程度的制约。乌鲁木齐市正努力建设北方寒冷地区新能源公交车推广应用示范城市。拉萨、西宁等中心城市受社会经济发展的影响，推广新能源汽车的工作受到很大限制。

2.6.3　新能源汽车推广情况

2.6.3.1　总体情况

随着国家宏观政策调控和各新能源汽车企业的大力推动，2015 年中国新能源汽车从导入期进入快速成长期。大批新能源汽车已经从展台上静态展示的概念车进入市场，销量迅速攀升。

2015 年新能源汽车利好政策密集出台，激发了普通消费者购买新能源汽车的动力。中国新能源汽车试点采取的是公共交通领域优先、私人跟进，循序渐进的推广模式。私人消费比重不断扩大，意味着新能源汽车迈入成长期。

目前市场上纯电动轿车的价格在20万元左右，免征购车税政策出台后，购置税、燃油税、车船税全免，加上国家补贴、地方补贴，消费者实际花费 10 万元左右就能买到一辆电动轿车。比亚迪、北汽集团、上汽集团、长安集团及奇瑞、江淮都成功实现了新能源汽车市场化销售。其中，比亚迪“秦”和 E6 供不应求，每月上牌数达到千辆。宝马、特斯拉等国际主流品牌也纷纷把电动汽车导入中国。自主品牌及合资品牌等整车企业都在响应国家号召，进行新能源汽车的研发和规划。

据中国汽车工业协会数据统计，2015 年中国新能源汽车产量达 340471 辆，销量 331092 辆，同比分别增长 3.3 倍和 3.4 倍。其中，纯电动车型产销量分别完成 254633 辆和 247820 辆，同比分别增长 4.2 倍和 4.5 倍；插电式混合动力车型产销量分别完成 85838 辆和 83610 辆，同比分别增长 1.9 倍和 1.8 倍。

细分来看，新能源乘用车中，纯电动乘用车产销量分别完成 152172 辆和 146719 辆，同比分别增长 2.8 倍和 3 倍；插电式混合动力乘用车产销量分别为 62608 辆和 60663 辆，同比分别增长均为 2.5 倍。

在新能源商用车领域，纯电动商用车产销量分别完成 102461 辆和 100763 辆，同比分别增长 10.4 倍和 10.6 倍；插电式混合动力商用车产销量分别为 23230 辆和 22947 辆，同比分别增长 91.1% 和 88.8%。

2011—2015 年我国纯电动汽车销售情况见表 2-20 和图 2-22。

2011—2015 年纯电动汽车销售情况 表 2-20

纯电动汽车		
年度	销量（万辆）	增长率（%）
2011	0.56	—
2012	1.14	103.90
2013	1.16	28.40
2014	4.5	208.50
2015	24.78	450.70

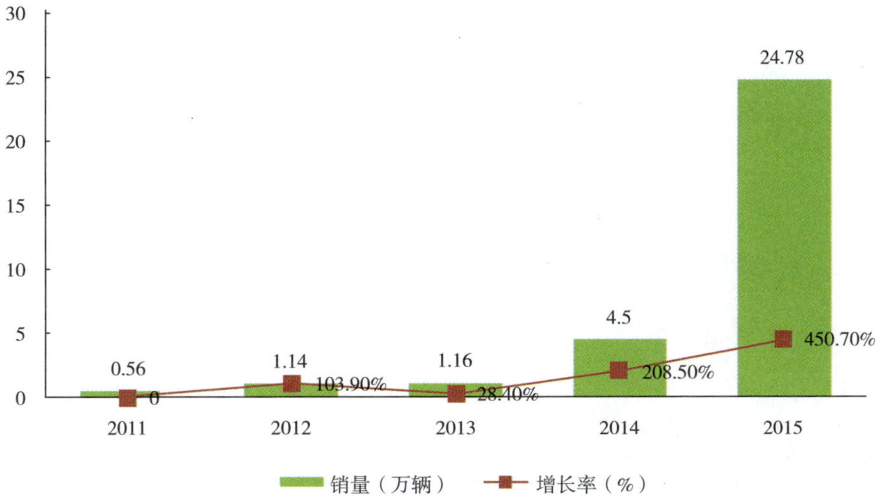

图 2-22　2011—2015 年纯电动汽车销售情况

2011—2015 年我国插电式混合汽车销售情况见表 2-21 和图 2-23。

2011—2015 年插电式混合汽车销售情况　　表 2-21

插电式混合汽车		
年度	销量（万辆）	增长率（%）
2011	0.26	—
2012	0.14	–45.10
2013	0.3	114.60
2014	2.92	878.10
2015	8.36	186.30

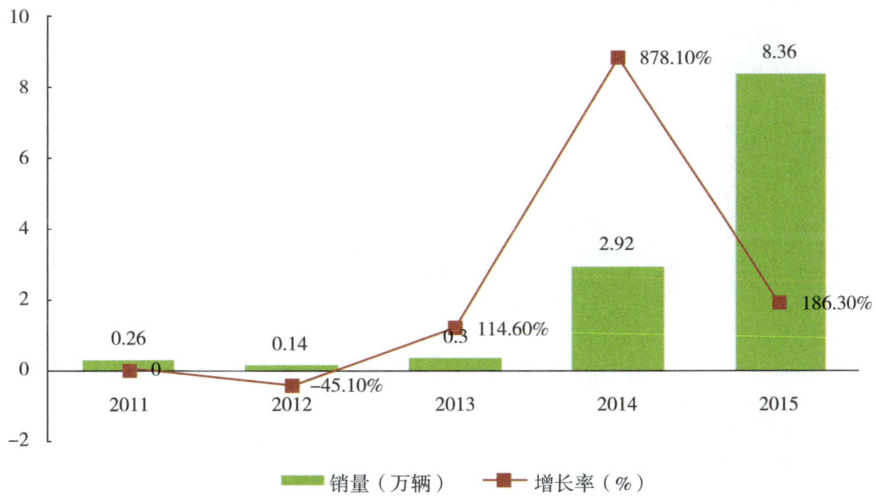

图 2-23　2011—2015 年插电式混合汽车销售情况

从“十二五”期间新能源汽车销售情况可以看出：新能源汽车 2011 年至 2015 年处于稳步快速增长的趋势。因为 2015 年是爆发式增长，有关专家把这一年定位为新能源汽车发展的元年。据汽车行业的预测，2016 年新能源汽车产销量均可以达到 37 万辆（还有专家预测说可以达到 50 万辆）。可见新能源汽车来势汹汹，已经成为中国乃至世界汽车行业的发展热点及发展重点。

2.6.3.2 2015 年中心城市新能源汽车推广情况

1. 2015 年总体情况

2015 年的结束意味着从 2013 年开始的第二轮新能源汽车推广应用画上句号。根据网上公开信息、政府文件及部分城市发展规划和第一电动网统计数据，截至 2015 年 9 月，已公布推广情况的中心城市中完成推广目标的城市仅有上海、长沙和合肥 3 个。推广量最大的当数上海，达 34821 辆，完成推广目标的 348%。截至 2015 年 9 月份已公布推广情况的中心城市推广量前十的城市见图 2–24。

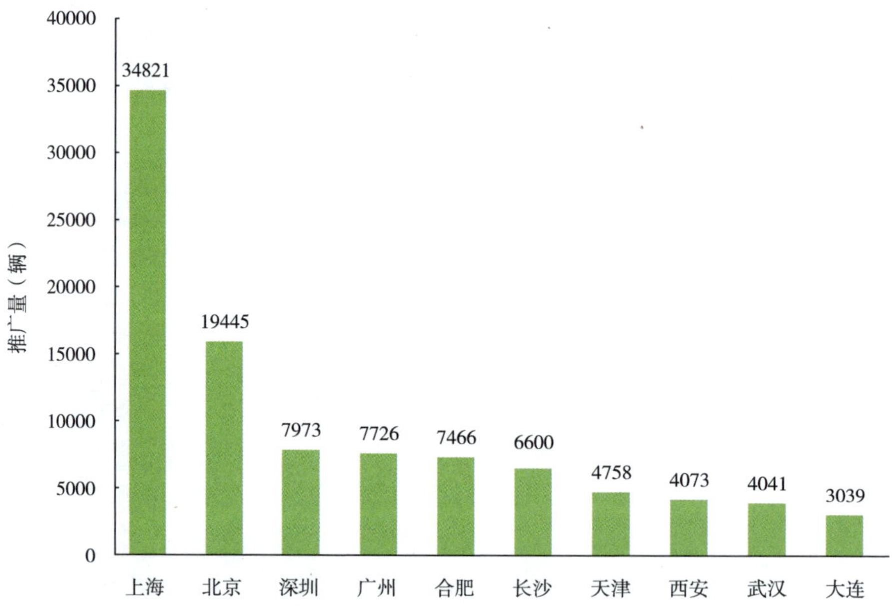

图 2–24 中心城市新能源汽车推广量前十（截至 2015 年 9 月）

从推广目标来看，除去 3 个城市完成既定目标外，有 5 个城市完成率达 50% 以上，8 个城市完成推广目标的 20%~50%，6 个城市完成推广目标的 20% 以下，其他 14 个城市暂时未公布推广成绩（见图 2–25）。

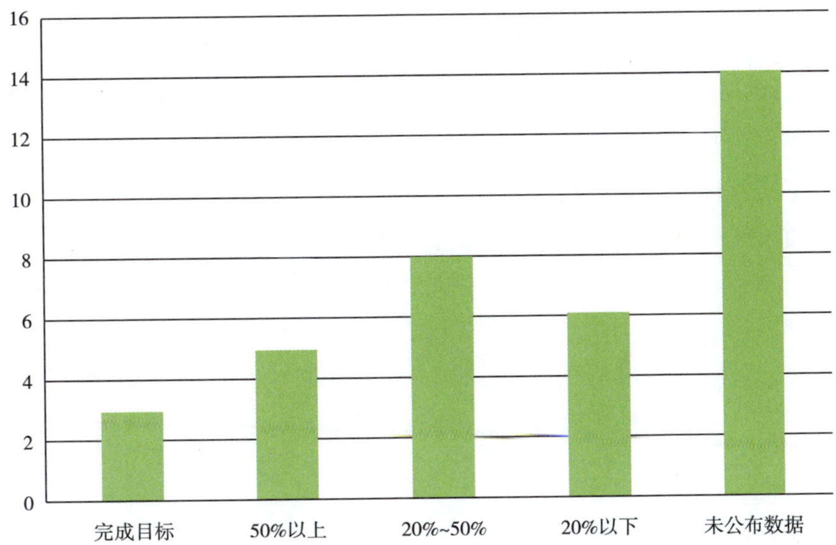

图 2-25　中心城市新能源汽车推广程度分布图

通过数据分析，我们可以看出 2015 年各中心城市新能源汽车推广情况呈现出以下特点：

一是在明确的利好政策和开放的市场的引导下，上海、长沙、合肥等城市在前三季度取得骄人的成绩，提前完成推广目标。尤其是作为新能源汽车推广的主力城市的上海，销量猛增的原因除了政府各大叠加利好政策的推动外，较为开放的市场也是其中重要因素，特别是插电式混合动力车型的补贴和开放。2014 年 9 月至 2015 年 3 月，上海免购置税车辆已达 13129 辆，超过了上海提交的 13000 辆的任务，其中插电式混合动力车型占比较大。

二是部分城市后程发力，年底前也超额完成推广目标，例如第一和第二大推广目标的北京和深圳。我们知道，第四季度才是汽车销量真正的喷发期，也成为各中心城市努力完成推广目标的最后依仗。数据显示，北京经过最后的努力，到 2015 年累计推广新能源汽车 35900 辆，完成 2013—2015 年推广 35000 辆的目标。同时作为第二大推广目标城市的深圳，在 9 月份推广目标完成率 32% 的情况下，到年底累计推广新能源汽车 34361 辆，超额完成了 2.5 万辆推广目标。

三是大部分中心城市没有完成提出的推广目标。如哈尔滨、乌鲁木齐受低温影响，拉萨、西宁等受到社会经济发展的影响，推广新能源汽车受到一定程度的制约。另有些城市则是由于基础设施的不完善，充电设施的不健全，使人们对新能源汽车的购置持观望态度。

总的来说，2015 年全国新能源汽车推广成绩是喜人的。但丰厚的补贴政策让新能源汽车行业在发展迅猛的同时也出现了一些不正常现象。例如利用虚假客户信息、多报销量，骗取财政补贴。在大力推广新能源汽车的时候，不只要关注量的增长，质的提高才是我们所需要的。

2. 36 个中心城市 2015 年城市公交、出租车和私家车领域推广情况

根据交通运输部科学研究院提供的数据，2015 年 36 个中心城市推广纯电动公交车 12880 辆、纯电动出租车 5398 辆。纯电动公交车方面，深圳、上海、杭州占据前三；纯电动车出租车方面，北京、深圳和刚得到“城市气候领袖奖”的南京进入前三。各城市具体推广情况见图 2–26。

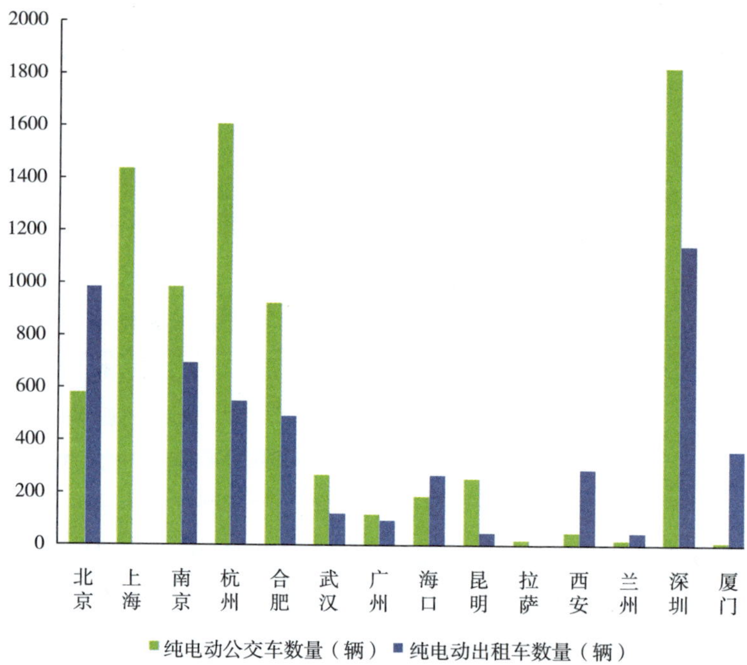

图 2–26　2015 年各中心城市新能源汽车推广数量图

从图 2–27、图 2–28 中我们可以看出，2015 年各中心城市纯电动汽车推广上，一、二线城市和三线城市、中、东部城市和西部城市取得的成绩差距还是很大，这主要是受到社会经济发展的影响。同时，基础设施的完善程度和充电设施的健全状况，也影响着新能源汽车的推广。

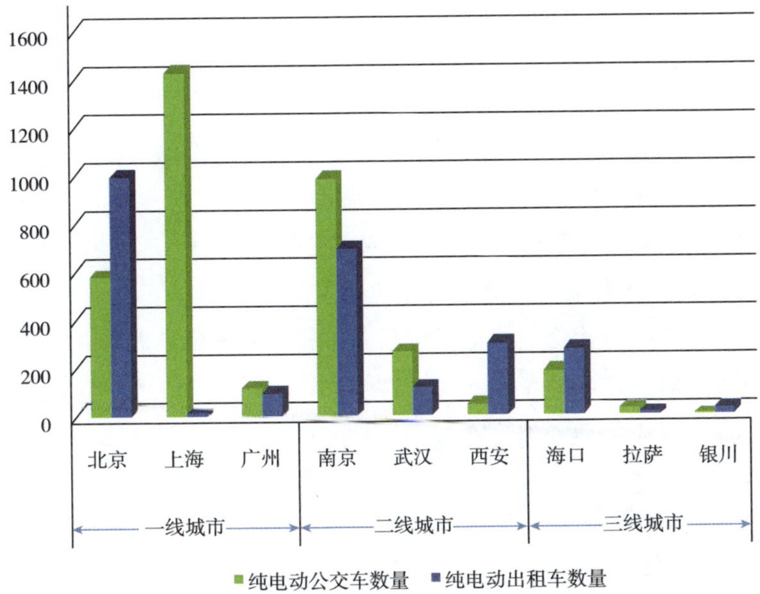

图 2-27　2015 年一、二、三线城市新能源汽车推广数量图

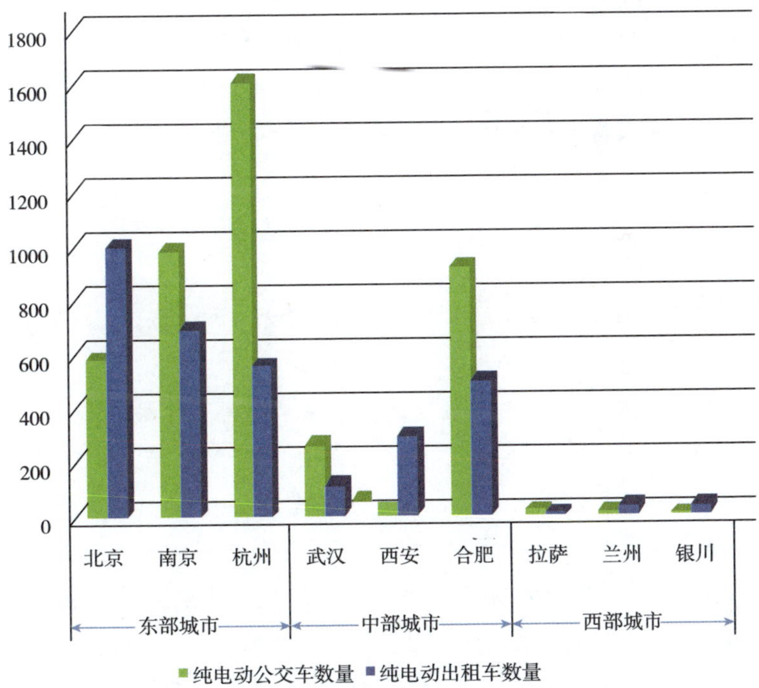

图 2-28　2015 年东、西、中部城市新能源汽车推广数量图

专栏

南京获 C40 交通领袖奖

2015 年 12 月 4 日，联合国巴黎气候大会期间，全球瞩目的“C40 城市气候领袖奖”获奖名单在巴黎揭晓。南京不孚重望，凭借单批次投放新能源车辆最多、充换电设施规模最大、推广工作进度最快等优势，击败伦敦、新加坡等世界名城勇夺全球城市交通领袖奖。

联合国巴黎气候大会，齐聚了包括华盛顿、温哥华、鹿特丹、斯德哥尔摩等在内的 300 多位来自全球各大城市的市长、城市规划者、政策制定者和极具影响力的行业专家。奖项评选委员会一致认为南京的成功给全球各大城市极大的启发——城市公交电动化是减少二氧化碳排放的最佳途径之一。南京市继深圳 2014 年斩获全球城市交通领袖奖之后，获得该奖项的第二个中国城市。两者在公共交通领域的新能源车应用都是全球瞩目的。2014 年年底，南京市已发展包括公交车、出租汽车、市区通勤包车、私人乘用车在内的各类新能源汽车 3835 辆。2015 年，南京进一步加强新能源汽车推广力度，推广新能源公交车 1217 辆，再加上出租车、私人乘用车、专用车等，推广新能源汽车累计达到 7215 辆。新能源车的应用，累计减少 CO_2 排放超过 40 万吨。2016 年，南京将进一步增加投放 4000 辆新能源巴士。

专栏

新能源汽车需要怎样的补贴政策？

2015 年，新能源汽车产销飘红之际爆出“骗补”风波，折射出新能源汽车补贴政策或存在偏差和失误。在“十三五”开局之年，制定真正科学、合理的补贴政策，才能真正地助力新能源汽车发展。

1. 补贴失误耽搁发展速度

新能源汽车补贴政策动向直接影响推广进度，甚至动摇产业发展信心。数据显示，2015 年一季度，国内纯电动客车产量仅为 6265 辆，环比去年四季度 5.84 万辆下降 89%。由于补贴政策没有公布，在江苏、浙江、湖北等多地，众多纯电动客车企业停产，项目停建、缓建，车企不敢造车、卖车，运输企业不敢买车，担心政策变化导致补贴落空。

2015 年，客车是“骗补”的重灾区。参与“骗补”的企业既包括新能源车制造、销售方，也包括租赁、购买方。双方或“独立作战”，或相互勾结，一般采取两种方式：一是新能源整车企业全资或参股汽车租赁公司，“左手倒右手”自产自销，从中获取补贴；二是由一家汽车租赁或运营公司主导，与整车企业、电池企业合作，通过“一块电池装多辆车”的方式获取补贴，甚至电池拆下重复销售后套取补贴。

从补贴力度可以一窥“骗补”的经济损失。数据统计显示，仅 2015 年国家和地方针对新能源车的补贴就高达 300 多亿元。这其中，6~8 米的纯电动客车每辆车国家补贴 30 万元，同时大多数地方政府均会按 1:1 比例配套补贴，总共就是 60 万元。然而，业内人士透露，6~8 米纯电动客车的制造成本一般在 45 万 ~50 万元甚至更低。这样一来，补贴比成本还多。

“骗补”之害，不仅仅在于浪费了国家的巨额补贴资金、纳税人的钱，而且给新能源车市场烧了一把虚火，扰乱了市场秩序。中国工程院院士杨裕生分析，当前的补贴政策缺少科学性，且补贴额度过高。补贴的后果是汽车生产企业追逐补贴最高的纯电动客车，只享受利益而不承担义务，不思降低成本而是故意抬高车价，更不去主动钻研新能源汽车发展方向，向无补贴过渡。于是，大部分补贴成了汽车企业的超额利润，人为造成社会不公。政府财政负担太重，拉动新能源汽车发展的效果不佳，甚至耽搁了发展速度。

业界人士认为，简单“骗补”手段较容易识别，如果新的补贴政策仍然不合理或留有漏洞，技术“骗补”将比其他“骗补”手段更加危险，会造成新的失误，贻误新能源车发展的宝贵战略时机。补贴应给真正的技术领跑者，而不应让“劣币驱逐良币”。

2. 应将动力电池纳入补贴考量

动力电池是新能源汽车技术核心中的关键，直接影响整车的性能。科技部863计划电动汽车重大科技专项特聘专家王秉刚等认为，为避免“骗补”类似事件再次发生，新能源汽车补贴政策应将动力电池纳入考量。

多地公交企业批量购入纯电动公交车后，由于单次充电时间太长，需要由一位驾驶员搭配两到三辆车才能安排过来。多买车辆、占用场地等，对于企业也都是额外的支出。在已经投入运行的纯电动公交车中，不少车辆动力电池能量密度不高、衰减太快，甚至已经因“未老先衰”而“趴窝”。

杨裕生指出，从“十五”到“十二五”期间，新能源汽车重点发展方向从燃料电池到混合动力，再到纯电动不停摇摆变化，就是因为没有把电池水平作为制定路线的依据，脱离了最根本的设计。

他认为，在动力电池的发展中，要警惕技术研究与产业化应用的混淆问题。不顾动力电池水平的发展进程，而将研制水平不高的纯电动车未经长期、充分考验就大规模示范推广，臆想很快搞成新能源汽车产业，其结果只能是事倍功半。

在电池技术研发、新能源汽车制造、客车运营等多个领域，多位专家的意见显示：在关于电池的具体考量中，安全性能、能量密度、充电速度、循环寿命、耐宽温性五项关键指标缺一不可。新能源汽车电池的补贴标准，应该结合实际应用十年的全寿命周期考量。

调研结果表明，在公交领域，技术性能优势均衡的电池才能在实际应用中帮助公交企业提升运营效率。多家运输企业（新能源客车用户）反馈，当前城市公交线路长度普遍在30公里以内，目前的电池容量大多能满足单程行驶需求。快充技术的必要性也得到了业界的肯定。专家认为，对于公交运营特点来说，快充将是未来发展的大方向。

当前，许多纯电动客车电池只能使用3~5年，报废、回收处理等均成问题，重新购置电池也涉及高昂的成本支出。

有专家指出，电池循环寿命是5年后新能源车企业脱离补贴政策后的主要竞争点，这个要素决定整个电动车的性价比，决定老百姓、公共交通、机关团体、事业单位是否买得起、养得起。相对来说，钛酸锂电池在实际应用中展现出相对均衡的优势。

3. 驱策企业落实主体责任

多位行业专家认为，补贴政策的失误之处在于对电动汽车的补贴过高，对生产企业没有约束和要求。专家呼吁，补贴只应起杠杆作用，而不能成为直接驱动力。政府要赋予企业义务和责任，调动起企业的主动性。

近几年来，无论是国家还是地方的新能源补贴政策都是以“红头文件”的形式下发的，没有专门的法律依据。政策的“先天不足”助长了企业的投机心理，造成“骗补”的发生。事实上，许多地方承诺的补贴款项至今并没有落实，这也是因为财政性补贴缺少法律依据，补贴政策的严谨性、严肃性没有保障。

东南大学交通法治与发展研究中心执行副主任顾大松认为，新能源汽车产业发展需要供给侧改革，需要系统科学的、符合法治精神的新能源交通政策，法治才是遏制恶意“骗补”的最好办法。

广州市交通运输委员会客管处处长苏奎认为，不能把环保、节能、汽车产业弯道超车等都列为政策目标，而应该让政策目标更加聚焦于环保，并准确厘定中央与地方事权。他建议，应该由中央考核环保目标，由地方根据实际情况制定适宜当地的政策，实现路径多元化。国家应该在新能源汽车技术路线上保持中立，坚持环保目标导向明确，落实行业和企业责任。

多位专家表示，加州积分制的核心是落实企业发展新能源汽车、节能减排的主体责任，值得我国借鉴，而“十三五”时期新能源汽车补贴退坡则是积分制实施的前奏。

第3章　“交”点访谈

当前，城镇化、机动化进程快速推进，交通拥堵、尾气污染等城市病蔓延扩大，而公众对多元化、个性化的品质出行提出了更多需求，使得城市交通处在严峻的矛盾与压力之中。这也意味着，我国的城市交通政策、管理、服务已经进入一个新的历史阶段，城市交通管理者与从业者既能感受到行业的飞速变化，在遇到一些尖锐的新问题时又常感到无所适从。

本书邀请城市管理者、行业领军人物或行业知名专家，梳理现状，对比分析，就城市交通中的热点、焦点话题进行深度探讨，搭建行业交流的平台，为解决正在发酵的城市和城市交通问题提供经验借鉴。

一、建立交通与城市空间的良性关系

——访中国城市规划设计研究院教授级高级工程师　孔令斌

在新型城镇化背景下，城市空间和交通规划的联系将会更加密不可分。据了解，目前城市空间规划体系将活动组织的规划分散在不同的部门和单位，城市空间规划与交通规划“南辕北辙”的现象并不罕见。在新背景下，城市交通规划应如何发展？需要在哪些方面进行变革？未来城市空间与交通规划怎样实现可持续发展？

问：一直以来，城市发展与交通规划之间就有着千丝万缕的联系。在您看来，近些年城市空间和交通规划在发展中呈现了哪些特征？

孔令斌：20 世纪 90 年代末，我国城市和城市交通发展迅速，这主要源于以下几方面：一是城市的发展政策由原来的“控制大城市规模、大中小城市协调发展”，调整为“突出大城市和城市群的辐射带动作用”，大城市的竞争力迅速提高；二是城市的土地资本化和住房货币化分配，使城市建设有了相对稳定的经济来源，城市开发和城市交通建设进入快车道；三是汽车产业政策主导了城市交通的机动化发展，加上城镇化的快速推进，使城市与城市交通开启了新的发展模式。

具体来讲，在城市空间发展上主要有以下几点特征：一是城市空间规模快速扩张。在城镇人口增加和用地资本化的双重作用下，部分特大城市年土地供应量相当于一年增加一个中等城市的规模。二是城市更新改造同时进行。在市场推动下，中心城区的用地置换与旧城更新改造迅速展开，混杂的城市用地与功能在地租作用下逐步分离。城市“多中心”发展成为各大城市空间结构调整的方向和解决空间可持续发展的模式。以新城、组团、副中心建设为特征的空间结构调整迅速展开。城市人口的增加与“土地财政”、住房货币化叠加，使城市居民各阶层分布在空间上分离，城市的低收入和新移民挤向城市外围，职住分离进一步加剧。

问：随着城市空间的不断扩大，有的城市出现了城市空间和交通规划“南辕北辙”的现象。您认为这对城市交通发展产生了哪些影响？

孔令斌：城市的扩张使城市居民的出行距离增加，可城市外围的公共交通服务却严重缺乏。这时，多数大城市以私人小汽车填补空缺，其增长速度曾达到 30% 左右，甚至更高。城市政府由于在“土地财政”中获得大量发展资金，城市交通基础设施进入快速发展阶段，如城市道路面积相比于 1990 年增长近 7 倍。

然而，城市交通的发展需要与城市空间规划协调发展。但从目前来看，交通规划与空间规划有各自的体系。交通规划忽略城市长远和长期的空间结构调整目标，甚至脱离空间规划。例如，有些大城市的环放交通网络加剧了中心的聚集，不仅与城市多中心的空间结构大相径庭，而且推高的中心区地租又将居住区拉向更远的郊区，城市的通勤距离不断增长，既提高了城市交通运行的成本，也不宜居。城市公共交通提供的无差别交通服务，又促进了城市"摊大饼"式的开发。同样，在城市空间规划中也很少考虑交通网络、服务、组织适合规划的空间规划。

问：在新型城镇化背景下，交通规划将从哪几方面来突破现状？年初，《中共中央 国务院关于加强城市规划建设管理工作的若干意见》中倡导"推广街区制"、"窄马路、密路网"等规划理念又意味着什么？

孔令斌：在城镇化进入加速发展的中后期，城镇化和城市发展的质量成为重点，城市与城市交通也回归其"以人为本"和宜居、可持续的本源。城市空间与城市交通同时关注到城市中"人"的发展和城市的可持续，为城市与城市交通协调带来了机遇。

总体讲，城市与城市交通发展的协调重点在以下几个方面：近年来城市规划体系推行的"多规合一"改革与探索，希望改变以往"同一空间、多头规划"的状况，将各个部门的规划统筹在空间规划中，同步编制、相互协调，为交通与空间、土地利用、环境的一体化规划创造条件；在城市规划中加强城市交通与空间协调机制的建立，提出城市综合交通体系规划和轨道交通规划与城市总体规划同步编制的要求，以及通过城市总体规划实施的评估制度，加强规划的权威性和上下位规划之间的衔接。

在规划方向上，个人认为，大城市应加快实施多中心建设，缩短城市通勤出行距离，缓解城市交通拥堵，提升城市宜居品质。但城市空间结构的优化和调整是一个长期任务和持续过程，不可能一蹴而就。2015 年上半年，《中共中央 国务院关于进一步加强城市规划建设管理工作的若干意见》就是体现城市与交通发展思路转型的一个指导文件。其提出推广街区制，要树立"窄马路、密路网"的城市道路布局理念，与机动交通下的两级交通空间布局（干线网络承担城市长距离活动的机动性，次、支路等本地道路等承载城市街区尺度的各种活动）相吻合。让街道作为人的日常活动空间，提升步行、自行车等绿色交通工具的安全性，改变长期以来城市交通规划建设中道路"以车为主"的理念。

问：据您判断，城市未来的空间是什么样？如何实现交通可持续发展？

孔令斌：以上我们提到，无差别的城市交通服务是城市空间及功能“摊大饼”发展的重要原因。交通的层级、功能和服务要与空间组织相对应，如组团之间、组团内部，中心城与新城之间等交通服务、价格等要有区别。鼓励短距离的内部出行，长距离跨组团、跨区出行要反映城市交通运行的成本，以发挥交通对城市空间的引导作用。

未来，在具体实施方面，个人认为，步行与自行车空间是城市交通的最基本保障。一方面，在城市次、支道路上要对机动车的运行速度和空间进行控制，保障步行与自行车活动的安全；另一方面要结合小区的打开、公共交通走廊建设和大幅度加密步行与自行车可通行的网络，提高步行自行车交通的可达性，提升城市街区活动的活力。

在我国高密度的城镇建设模式与目前的机动化态势下，城市发展必须实施公共交通优先，保障公共交通的路权与畅通，加强公共交通与城市用地布局、各阶层城市居民分布的契合程度，提高公共交通的竞争力，鼓励居民乘坐公交出行，减少对小汽车的依赖。这既是减少拥堵、提高城市运行效率的关键，也是城市运行绿色低碳的根本。

总之，在城镇化快速发展和城市用地快速增长、大规模优化调整的时期，城市交通需要先从源头上考虑解决方案，建立起交通系统与城市空间、土地利用的良好关系，引导形成可持续的城市空间和合理的城市活动布局。此外，需要考虑交通系统内部的解决方案。因为一旦错过时机，理想而可持续的城市空间无法成形，城市的交通组织和城市运行将要为此持续性地付出巨大代价，城市也难以实现低碳和绿色。

二、从城市的角度看综合交通运输体系

——访交通运输部规划研究院综合所副总工程师 陈璟

城市是综合交通运输体系建设的核心载体，国家战略、城市群交通运输一体化、城乡交通运输一体化、城市公共交通等对外交通与城市内部交通在城市汇集、交织，城市综合交通运输体系发展问题异常复杂。

综合交通运输体系对城市经济社会发展具有巨大的推动作用，做好综合交通运输体系规划在布局“十三五”的关键时期显得尤为重要。在陈璟看来，城市综合交通运输体系包括城市对外交通和城市内部交通，应合理配置各种运输资源，强化各种方式衔接，深化体制改革，实现城市交通的新跨越。

问：现阶段，城市综合交通运输体系应从哪些方面积极对接京津冀协同发展、“一带一路”、长江经济带、新型城镇化等国家发展战略？

陈璟：这些国家战略的实施，对城市交通功能及综合交通运输体系构建产生了重大影响。

城市交通功能需要从国际、区域、城市群、城市 4 个空间维度研判，并找到城市在不同维度交通网络中的地位和作用。城市需要更加主动地融入国际、区域、城市群综合交通运输网络，强化机场、港口、火车站等对外综合运输枢纽的功能，扩大自身的辐射范围。单纯考虑本市生产、生活的交通需求，把城市内部交通与对外交通分割开来的发展路径已不能适应时代的要求。

另外，国家重大战略的实施，为城市提升在城镇体系中的地位提供了空间，而交通则成为城市间竞争的重要手段。城市试图通过通道和枢纽锚固和提升在城镇体系中的地位，例如联入国家高速公路、高铁、城际铁路，以及开通机场国际航线、发展航运中心、开辟中欧国际集装箱班列等。

由外及内，对外交通与城市内部交通的统筹布局、高效衔接成为城市综合交通运输体系建设的重点。对外交通网络已深深植入城市交通系统，城市在城镇体系中所处的层级越高，对外交通网络与城市内部交通的交织就越深入。例如，无论是首都机场、上海虹桥机场的旅客集散，还是深圳港集装箱运输，都需要高效衔接的城市集疏运体系配合完成。

问：具体到城市群协同发展的角度，如何促进综合运输体系建设？

陈璟：推进城市群交通一体化是“十三五”期间我国综合交通运输发展的重

要任务，也是实施新型城镇化战略、促进城市群协同发展的必然要求。日本首都圈、美国波士顿、欧洲大伦敦区域等城市群及中国长三角、珠三角、长株潭等城市群在促进交通一体化发展方面都有不少成功经验，包括发展城市群轨道交通系统、统筹城市群内港口和机场的资源利用、建设复合通道集约利用土地资源、成立区域规划管理机构或建立协调机制等。

这些经验的核心，都是要适应城际交通运输需求的变化（特别是联系紧密、人口集中的大都市区城际交通通勤特征显著），适应资源环境的强约束，打破城市行政分割，构建顺畅衔接的一体化综合交通网和相互开放、信息共享、管理协同的一体化运输市场。目前，国家正在推进京津冀交通一体化工作，要打造“轨道上的京津冀”，推进运输服务一体化，这也将为我国城市群交通运输一体化发展提供重要示范。

问：目前，城市综合交通运输规划面临哪些挑战？

陈璟：实施大交通管理体制改革以来，很多城市交通部门都组织编制了城市综合交通运输规划。规划成果通常由城市人民政府批复印发，内容主要限于对外交通，城市内部交通基本不涉及。

城市综合交通运输规划的挑战之一是相关法律法规缺失。与单一运输方式规划相比，城市综合交通运输规划因缺乏法律基础，与国家、省综合交通运输规划之间的关系不明确，对于单一运输方式的指导性、约束性相对较弱。

挑战之二是制度缺失。交通部门主要编制对外交通规划，城建部门负责编制城市道路、轨道规划。规划职责的分散导致了对外交通与城市内部交通缺乏整体统筹和战略设计，在问题及需求分析、发展思路提出、规划方案制定等前期阶段没有把对外交通与城市内部交通作为一个整体进行考虑，过境交通与城市交通混杂、对外交通影响城市交通的状况屡见不鲜。

挑战之三是技术方法缺失。城市内部交通规划分析手段相对精细，小区出行调查结果相对准确，而对外交通规划的分析手段更为宏观，各种运输方式统计数据的空间分布信息不足或者不准确。如何在城市内部交通与对外交通的规划方法、技术手段、统计数据之间建立联系、理清层次，真正把二者作为一个大系统进行研究，是目前规划工作亟待解决的问题。

三、网约车的中国经验与国际实践

——访广州市交通运输委员会客管处处长　苏奎

网约车的监管需要借鉴国际经验，目前国外有哪些管理网约车的经典案例或经验？2015 年 10 月，交通运输部公布了网约车法规的征求意见稿和暂行管理办法，如何评价中国在网约车监管上的探索？

问：对于网约车的监管，世界各地都有不同的探索实践。您的观察和研究选取了哪一蓝本？

苏奎：优步（Uber）是目前世界上最知名网约车平台，各国对优步的监管非常具有研究代表性。

2012 年后，优步推出了挑战和冲击现有出（约）租车监管机制的服务模式。这类服务使用的车辆、驾驶员一般不具有监管部门核发的许可，从而出现了巨大的法律争议，引发了新老业态的尖锐对立。

问：从全世界来看，政府对优步的监管大致分为哪几个类型？

苏奎：截至目前，世界各地监管部门对于对以优步为代表的网约车服务监管思路主要分为依法禁止、纳入（约租车）体系、创设新类、错位发展 4 种。

依法禁止、坚决打击是许多法治国家对优步的态度和做法，西欧、东亚大都如此。代表国家有西班牙、德国、比利时、法国、意大利、瑞士、日本、新加坡等，以及我国的香港、澳门、台湾等地区。

这类国家和地区常规出租业态发展良好，出租车数量规模较大，政府为了避免出租车供给过剩，对优步未按法规使用运营车辆和驾驶员的服务予以执法，对使用了合法的运营车辆和驾驶员的服务则准其运营。

为了扩大市场份额，优步仍违法使用未获得约租许可的车辆，这些国家和地区则坚持打击。如德国对违法从事这类服务的驾驶员罚款额度高达 25 万欧元。德国出租车协会将优步告上法庭，法庭最终判定优步服务违法，使得优步于 2015 年夏季全面退出德国。

第二类做法为纳入约租车体系，严格管理，以伦敦和纽约为代表。这两座国际特大城市，认为网约车本质上是约租车的一种，没有必要建立特殊的监管机制。由于早已建立了包括第三方约租平台在内的约租车监管机制，加上执法严格，因此优步在这些城市提供的服务均为合法的约租车服务。优步平台获得了约租车经营许可，全部使用具有运营资质的车辆和驾驶员，严格区分运营与非运营。

除了伦敦和纽约外，南非、印度、俄罗斯等“金砖国家”由于此前并无约租车法规体系，但新（拟）建了类似纽约的监管体系，也将优步纳入约租车运营体系。

第三种做法是创设新类，使其合规，美国加州是始作俑者。加州州监管机构在 2013 年通过法规开创了所谓“互联网客运企业”（TNC），即利用私人车辆从事互联网约租服务的平台企业。平台企业需要获得专门的 TNC 许可，但车辆、驾驶员由政府制定基本标准，不核发许可。实施 TNC 模式的城市都是巡游出租车数量规模较小（大都在 1000 辆以下），新旧业态冲突小。政府的这种做法主要是为更好解决出行，为鼓励发展网约车服务。

除了美国的中小城市，在全球有影响的城市中，目前主要有澳大利亚的堪培拉、菲律宾也采用了这种做法。这些城市一般都要对从事网约车服务收取专门的费用，除解决监管部门收入外，也是为了平衡与出租车的成本差异。

第四类是分类分层、错位发展，韩国最为典型。通过对车辆档次提出特别要求使网约车价格市场化，以分类监管机制使网约车服务与出租车分层服务、错位发展。

韩国首尔起初全面禁止优步类的服务。2015 年 11 月，韩国修改了客运法规，规定网约车使用高端豪华车辆及有资质的运营驾驶员，可向公众提供网络约租服务，优步随即恢复在韩国的运营。

韩国将网约车与巡游出租车进行明显的品质区隔，使其差异化经营，力图既维持巡游出租汽车的主导地位，同时鼓励网约车的适度错位发展。

此外，墨西哥城有全球数量最多的出租车（14 万辆左右），也采用了错位发展的思路，除提出了车辆价格要求外，还向网约车征收专项公共交通发展基金。

总之，国外对于新兴的网约车服务，都是根据各自的特点、法律传统及出租车、约租车发展现状，制定相对应的发展政策和监管机制，以求减少矛盾，促进协调发展。

问：2015 年 10 月，交通运输部牵头制定了《网络预约出租汽车经营服务管理暂行办法》（以下简称《办法》），希望达到传统巡游出租汽车与网约车融合发展的目标。这和国外的监管相比有何异同？

苏奎：《办法》没有对“专车”类的服务一禁了之，而是通过出台全国性的管理办法规范网约车的合法合规发展，其核心思路是“以人为本、鼓励创新、趋利避害、规范管理”。

《办法》创新监管方式，提出了分类监管的思路，既借鉴了纽约、伦敦等西方发达城市“纳入约租车运营体系分类监管”的成熟国际经验，也与东亚近邻韩国和南美一些国家“错位发展”的思路不谋而合，同时又独特地将共享方式的拼车独立出运营体系，形成了有中国特色的创新制度。

四、大城市的小汽车：从拥有管理到使用管理

——访同济大学交通运输工程学院教授　陈小鸿

问：北上广深 4 个城市对小汽车全部采取了限购政策，但是其中又有些不同。有的是摇号，如北京；有的是牌照拍卖，如上海；也有二者结合，如广州、深圳。选择牌照拍卖和摇号的方式有什么讲究？

陈小鸿：拍卖和摇号两种方式的目的一致，都是为了控制小汽车总量，但是性质和基础有所区别。以上海为例，由于很早就开始实行牌照拍卖制度，上海在私人小汽车大潮到来之前就筑起了“防波堤”，在政策保持一贯性的同时，保证了道路使用的相对公平。

当国内的大城市几乎无一例外地遭受交通拥堵和雾霾之苦时，有些城市便也步入了限购之列。这其中不少选择摇号的城市，是基于不同历史时机的选择。这些城市已经存在了大量没有支付任何牌照成本的车辆，再坚持限购就只能采用摇号的方式，也是另一种的“相对公平”。摇号带来的车辆壁垒，让购车愿望者（而非计划购车者）蜂拥入场。在这种情景下，中签者不会放弃来之不易的“幸运”，有需要者更是持之以恒去“撞大运”，也更加刺激无车族“得牌为安”的心态。

至于广州和深圳采取了“竞拍 + 摇号”的方式，也是基于保障公平的考虑。实际上，车牌的拍卖费可以理解成购车者为获得道路使用权而付的“加急费”，车辆牌照的有偿拍卖本质上是无车群体让渡道路资源使用权、购车群体通过付费获得道路使用权、牌照费用再投入公共交通实现对无车群体反馈的制度设计。

问：无论采取哪种限购方式，小汽车的数量仍然是保持增长，路网建设能力有限；而且，摇号概率越来越低，车辆牌照拍卖的价格越来越高。您如何看待这一问题？

陈小鸿：推出牌照拍卖制度，政府的本意并不是要收更多的钱，而是希望把汽车数量的增长速度尽可能地放缓。同理，采取摇号的方式限制小汽车拥有，也在一定程度上争取了调节、优化城市空间结构和出行结构的时间窗口。

上海在 20 世纪 90 年代初，就对土地资源、道路资源与小汽车发展前景做出了准确判断，并实施了小汽车拥有管理的牌照拍卖制度，为上海轨道交通及骨架

路网建设争取了宝贵的 20 年。

但是，近 3 年在沪牌年投放大致控制在 10 万辆的背景下，实际上上海道路网每年净增车辆达到了 30 万 ~35 万辆：除了拍牌获得的沪牌，还有外地牌照车辆和不能进入外环内行驶的沪 C 牌车辆。同时，道路通行权的稀缺性导致车牌商品属性让位于投资属性，也扭曲了牌照价格。这也印证了城市交通业内很著名的“当斯定律”：道路增加永远赶不上车辆增加，仅通过修路无法解决交通拥挤。无论怎样限购限行，有限路网上的车辆都只增不减、没有边界，甚至连机动车保有量的期望值也难以设定。

政府已经开始意识到，解决城市交通问题必须从小车拥有管理逐渐转向小汽车使用管理。

问：在小汽车需求管理中，“公交优先”能起到的作用有多大？

陈小鸿：刚才提到的拥堵收费难以实施的原因其实有三：一是机动车对费率并不敏感；二是执法能力不强，很难保证公平；三是没有提供可替代的出行方式。因此，公交的目标应当是在某种程度上可以替代小汽车，提供差别不大的出行体验。公交优先和小汽车使用管理是互补的关系。

问：关于小汽车交通需求管理，还有哪些思路需要转变？

陈小鸿：既要保障出行可达，又要管理交通需求，公共交通是根本出路，小汽车拥有与使用管理也是必须破解的难题。

公交优先与服务提升、小汽车拥有和使用管理是一枚硬币的两面，同时，还需要改善非机动化交通、更为灵活的交通共享等综合措施共同支持。

对于小汽车的拥有和使用管理而言，必须从行政管制到主动交通管理的政策转型，以“用者自付”为原则，实施协调一致的机动车拥有、通行、停放等主动管理政策。基于现行技术和设施条件，必须实现道路资源从有偿无限制使用到基于激励的有价有限使用管制的转变。

总之，基于市场规则的经济杠杆调节、推行允许公众自主选择的管理措施是大势所趋。只有通过公交优先 + 小汽车使用管理、多用受限 + 少用奖励的方式，才有可能“让车主自主做出他们应该做出的选择”——有选择的共同选择。

五、拓展盈利空间　推进轨道交通 PPP 发展

——访英国诺森比亚大学工程与环境学院原博士生导师　周蕾

近日，国家发展和改革委批复两个轨道交通规划，包括成都市城市轨道交通第三期建设规划（2016—2020 年）和贵阳市城市轨道交通第二期建设规划（2016—2022 年）。目前，轨道交通被许多大中城市当作发展公共交通、缓解城市拥堵的首选。但轨道交通建设所需要的大量资金，常常让地方政府部门捉襟见肘。

问：您如何看待近年来我国轨道交通建设进展？

周蕾：随着新型城镇化的推动，“十三五”期间新一轮城市大规模建设的序幕已经拉开。据统计，截至 2015 年年底，我国共有 25 个城市 112 条轨道交通线路开通运营，总里程约 3300 公里。国家发展和改革委称，国家已批复 40 个城市的轨道交通建设规划，规划总里程约 8500 公里，预计到 2020 年投资规模将超过 4 万亿元。这些都显示出轨道交通强大的规模经济效益，将带动全产业链的蓬勃发展。

问：PPP 概念是如何引入我国，又是怎样发展和应用的呢？

周蕾：我国的 PPP 体系始于 20 世纪 90 年代初，当时的主要目的是吸引外资、引进国际管理经验，并在几个大型能源项目上进行了试点。随着城镇化发展的加速，各主要城市都出现了 PPP 项目。在我国，PPP 模式被赋予完善宏观调控手段的重要任务，成为财政可持续发展的重要组成要素。从城镇化的角度来看，PPP 是推进城市基础设施建设，满足现有居民和新进入城镇居民公共需求的重要手段。2014 年年底，中央政府开始大力推广正规的 PPP 模式，PPP 进入全面大发展阶段。

这次的 PPP 潮流有几个明显的特征：首先，这次是全国自上而下全面推广，未来公共项目基本都会优先考虑通过 PPP 模式进行融资。其次，PPP 项目大规模发展与新一轮城镇化有密不可分的关系，未来的项目将从单纯的基础设施投资转为围绕市政民生为主的服务设施建设。第三，这次 PPP 浪潮，由于很多项目急于“上马”，前期准备工作不足、融资渠道单一，出现了“公热私冷”的局面。项目落地率还不太高，大部分项目出资方还是以国有施工企业为主，大多数私营企业依然保持观望态度。

问：在轨道交通 PPP 模式探索中，将面临怎样的风险和挑战？

周蕾：PPP 项目是市场化运作项目，需要有一个合理的投资回报。通常来说，

一般的 PPP 项目盈利率是 8%~9%，而不少轨道交通项目盈利率只有 5%~7%，限制了社会资本的投资热情。轨道交通的公共产品属性决定了其经营性弱、盈利效果差，难以实现自给自足，主要依靠政府补贴。另外，由于轨道交通运营需要较高的稳定性和安全性，随着年限的增长基础设施和车站维护费用会愈来愈高，进一步拉长了项目成本回收期，抗金融风险能力也变得更差。

轨道交通项目的社会服务属性使其无法完全脱离政府的管辖和补贴给地方财政带来很大负担。轨道交通投资量大、施工困难、运营风险高，PPP 模式不容易操作。这些都将成为未来的后城镇化时代的隐患，需要现在就进行深刻的思考和探讨。

问： *如果轨道交通 PPP 模式想要突破瓶颈，增加效益，应该如何拓展盈利空间？*

周蕾： 改变传统的地铁经营模式，需要用创新性的思维对项目进行开源节流。

首先，对项目的整体成本收益进行综合考量，提高交通热点地段或市中心地段的人流量和设施使用效率，采取立体化的商业经营模式，建设商业综合体，实现交通设施向服务型社区的转变，实现地铁站点的集聚效益，逐渐形成有特色的 P+R 的 2.0 版本。其次，需要通过先进的科学技术，在 PPP 项目中积极推广使用建筑信息模型（BIM），对项目全过程进行管控，防止项目纠纷。另外，对项目的运营和维护进行模拟，实行精细化管理，减少不必要的风险和支出，降低全寿命周期成本，实现 PPP 项目的提质增效。

六、自行车友好城市 想说爱你不容易

——访拜客广州拜客绿色出行总干事 陈嘉俊

问：自行车友好城市的概念是来自哪里？又有哪些发展特点？

陈嘉俊：21世纪，越来越多的声音呼吁重视宜居城市。人们开始反思汽车无序扩张的现象。汽车作为城市规划导向，在城市里真的是友好存在吗？因此，人们意识到推动自行车及步行友好城市才是拯救城市生活的最佳方式。

纵观全球，许多城市都开始建设公共自行车系统。纽约、丹麦甚至一些小城市都设置了公共自行车系统。在希腊、罗马尼亚等国家中，自行车销量要比汽车销量高的多。究其原因，还是因为这些国家交通基础设施非常完善。据了解，伦敦已经宣布全面修订它们的自行车交通网络。

因此，当前城市发展的趋势可以说是非常明了。随着居民对更健康、更舒适的生活方式的追求，传统的交通方式正在慢慢复兴。

问：那么，目前国内的自行车道建设存在哪些问题？

陈嘉俊：首先，国内非机动车道建设存在道路资源分配和路权的问题。目前，不少城市的非机动车道的有效通勤空间并不大。例如广州，机非混行车道大多数都成了路边停车场。因此，限制自行车交通发展最重要的原因，就是得不到道路资源的供给。将路权合理分配，很多问题都将迎刃而解。

其次，在道路建设中存在某些问题导致自行车骑行体验不好，如过街马路的减速带过高等。城市中还存在自行车交通系统和其他公共交通、生活系统出现的接驳问题。随着城市面积的扩大，通过自行车解决“最后一公里”的需求越来越高。公交车站、地铁站周边等均需要停放自行车或公共自行车的空间，但目前接驳问题并没有很好地解决。

问：请以两个城市为例，介绍一下如何更好地建设自行车友好城市。

陈嘉俊：我认为，杭州可以算是我国城市公共自行车推广的典型。目前，杭州共有726个公共自行车网点，其中有100多个网点都是24小时运营的。截至2015年年底，杭州共有8.14万辆公共自行车，累积租用量在6.6亿次左右，每天最少30万人次租用，最高达到50万人次。而杭州地铁日均客流量为60万人次左右。

杭州的自行车推广效果好，一方面是政府的大力推动，加大财政投入，扩大宣传教育，使杭州市民认为自行车出行是一种时尚和生活化的交通方式。另一方面，借助西湖环湖自行车旅游，将自行车休闲骑行的方式引入公共自行车，逐步试点铺开，拓展到全市。

如果谈论到全球的自行车友好城市，没有人能忽视哥本哈根。甚至可以说，哥本哈根让我们看到城市化的另一种思路和现实的改变。哥本哈根有很多鼓励自行车出行的措施，如设立自行车专用道与信号灯相位等。同时，哥本哈根人性化的道路设计也值得点赞。在哥本哈根的十字路口随处可见蓝色铺装的自行车道、做成斜角的垃圾桶等。

问：对于建设自行车友好城市，您有哪些建议？

陈嘉俊：目前在大部分城市基础建设中，并没有专门管理非机动车出行和相关建设维保的部门。未来，可以在管理机制上进行优化，组建专门的慢行交通委员会。我认为这样可以促进慢行交通建设，通过相关职能部门的设立，让慢行交通拥有话语权，填补过去部门与部门之间的职能真空。

同时，还要确认路权优先顺序和道路资源的分配，建设完善的自行车路网，对骑行者进行公交安全教育和出行礼仪的普及教育。

其实我们还是需要注意，国内的人口密度、城市结构、土地产权性质等情况都跟国外很不相同。然而目前国内大多数谈论自行车友好城市的案例，均以欧洲国家为主。我认为，我国不能直接照搬欧洲国家具体的设计、建设形式、标准规范，应该多参照日本和韩国这种经历过短时间的经济高速发展、人口密度相对比较高的亚洲国家。

从私家车导向转变为公交和步行、自行车导向的城市化，转型非常艰难，甚至在短时间内看不到前景。但为了我国城市的未来，我们已经到了一个必须反思的阶段。到底我们未来要生活在怎样的城市之中？

图 目 录

表目录